AF379008

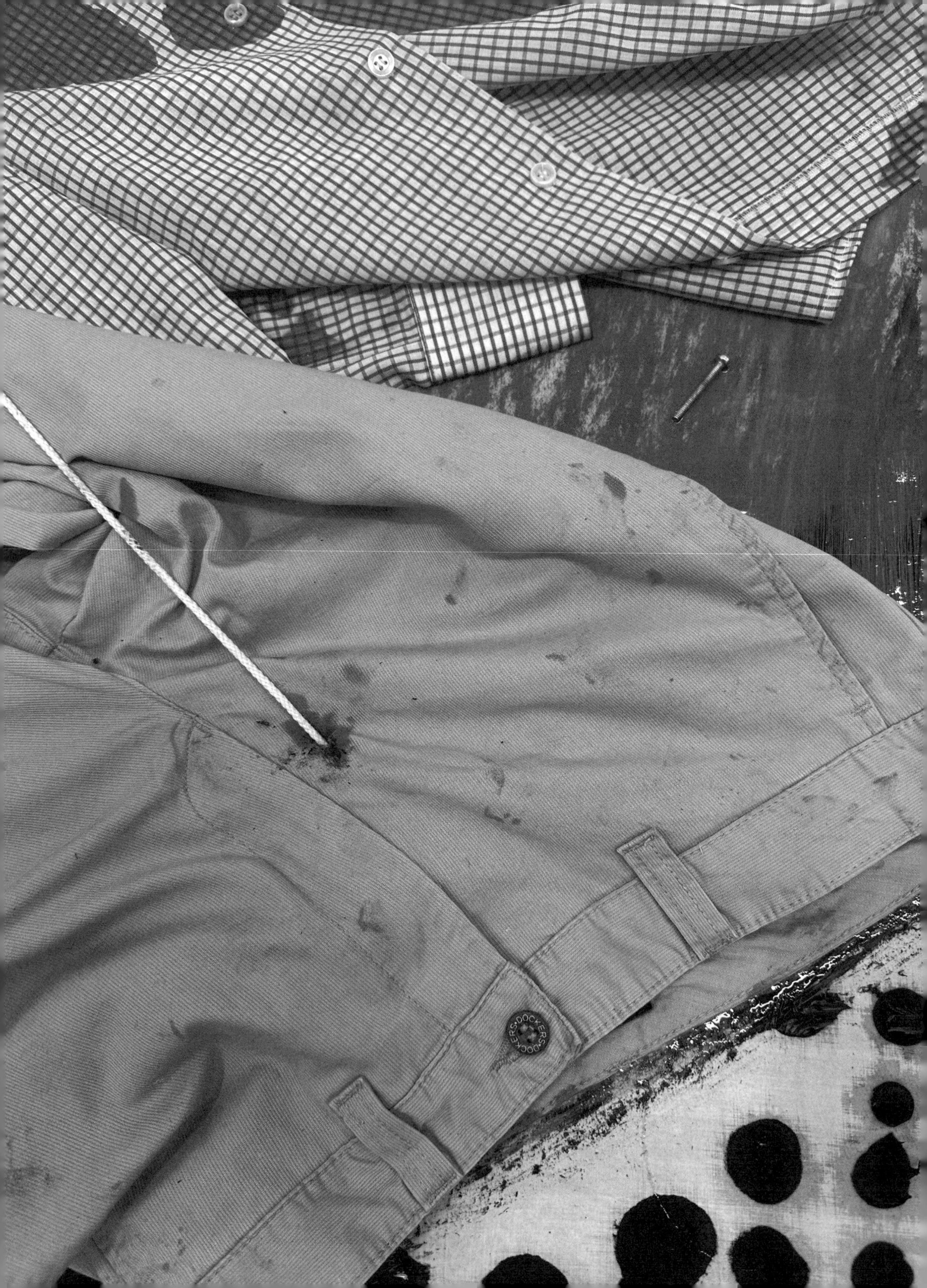

Monday
3

Tuesday
4

Wednesday
5

☽ 8:03

Thursday
6

Friday
7

Saturday
8

Sunday
9

Fernão Cruz

Fernão Cruz

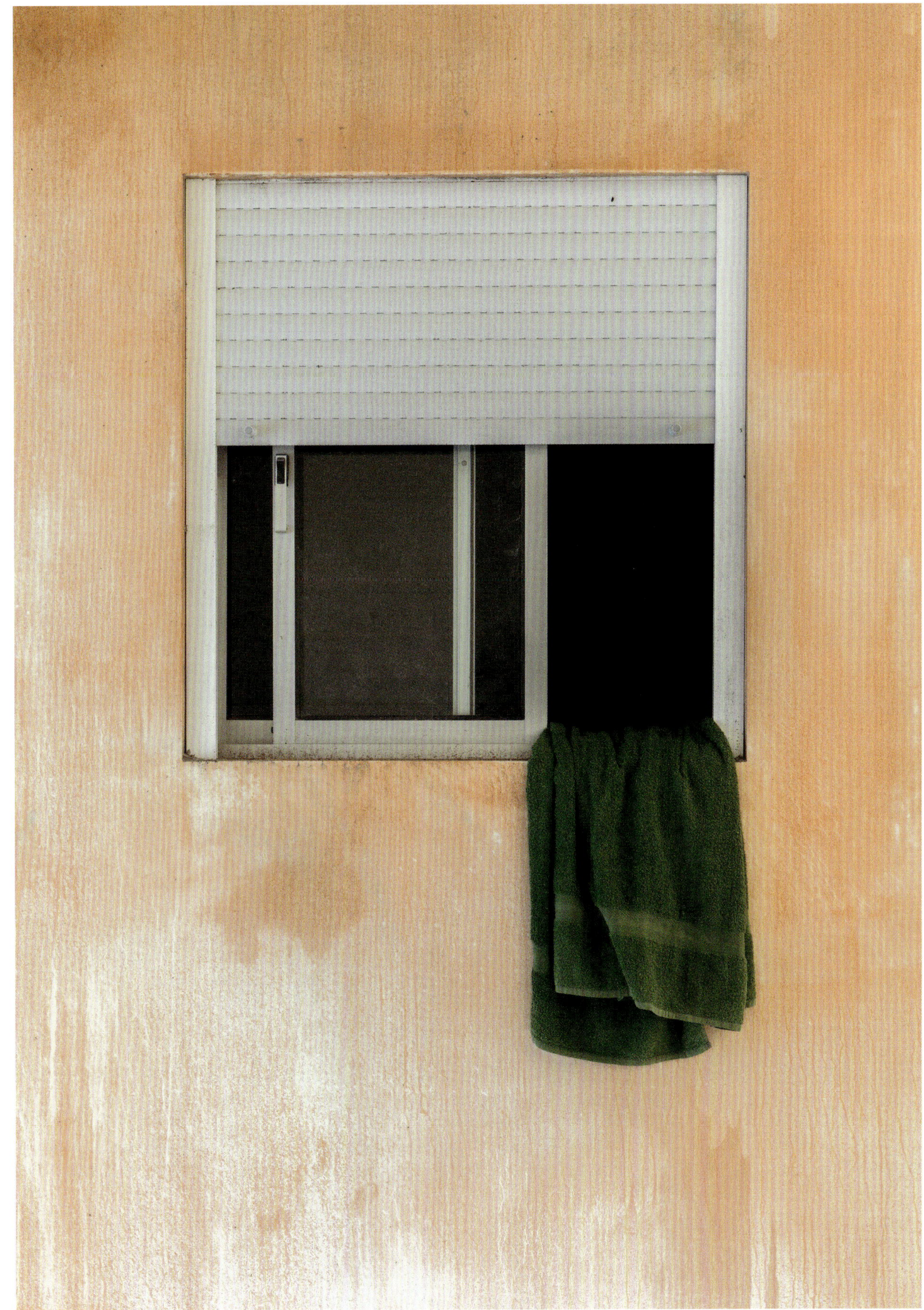

TORNADO ESTÁTICO - LIZADO DE ROUPA

ROUPA - MESA
FORMAS...?

ROUPA
ENROLA
mode
mate

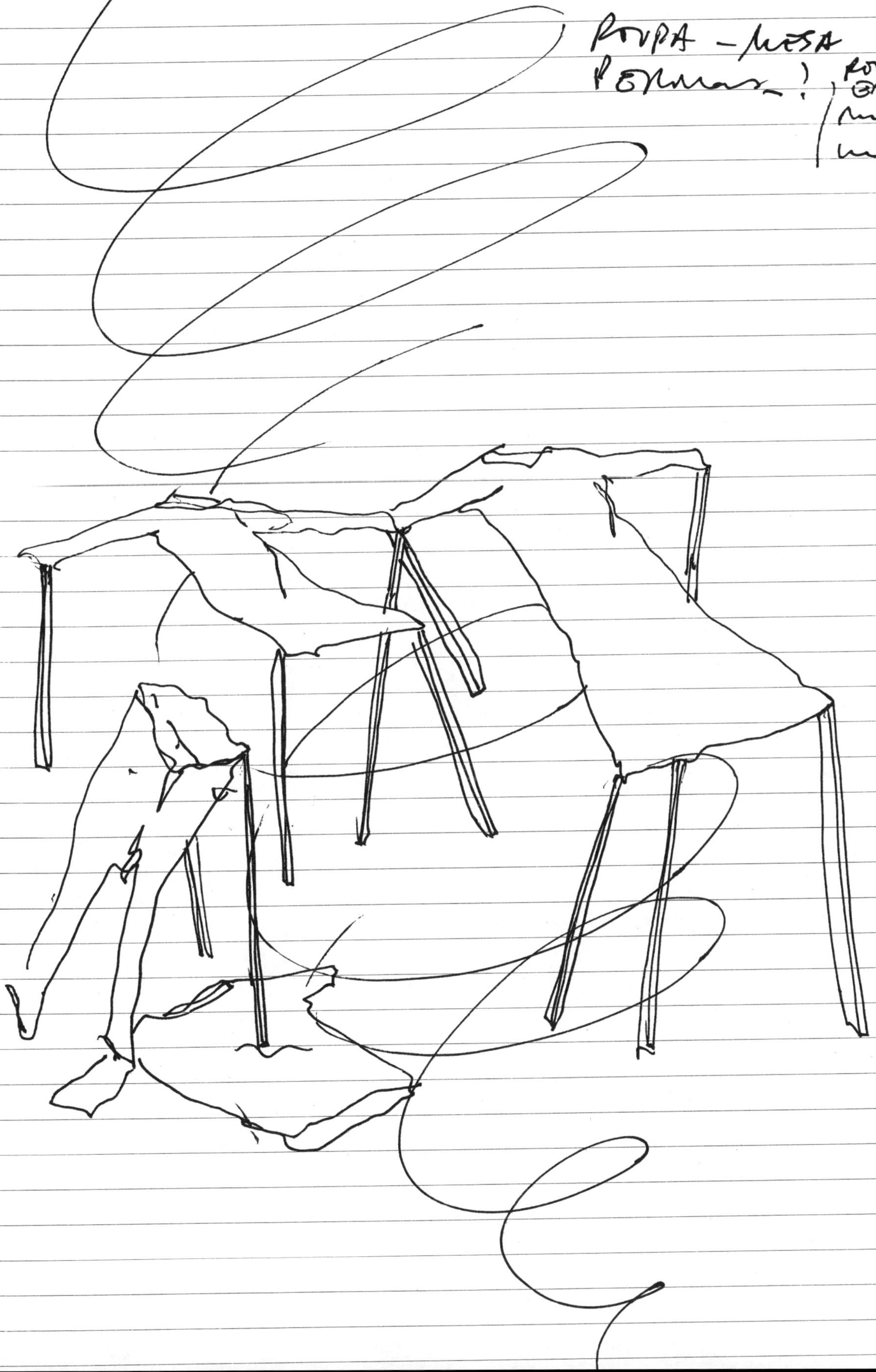

Outro

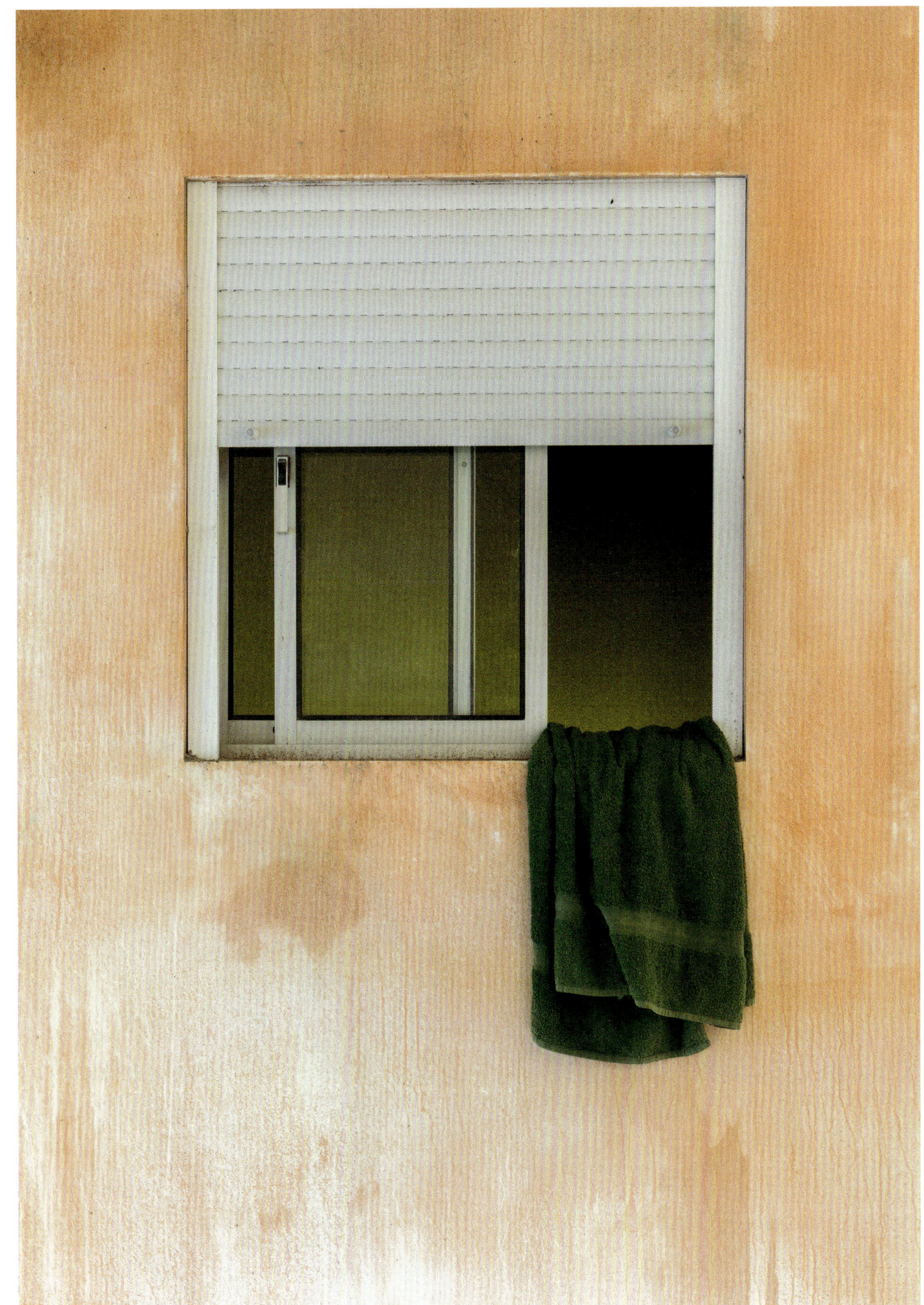

This book is an exoskeleton of the exhibition I did at Rialto6 in Lisbon between May 17 and July 19, 2024

pp. 3 e 7
Pausa, 2024
Janela de alumínio, estores, luz, toalha de
banho, cinza, pigmentos e água sobre parede
105 × 100 cm (janela)

pp. 3 and 7
Pause, 2024
Aluminium window, blinds, light, bath towel,
ash, pigments and water on wall
105 × 100 cm (window)

A
B
scala?
dentro/fuori?

Pódium Jilusais

História

Estruturas habitadas
pelo nada

Árvore?

Arbusto

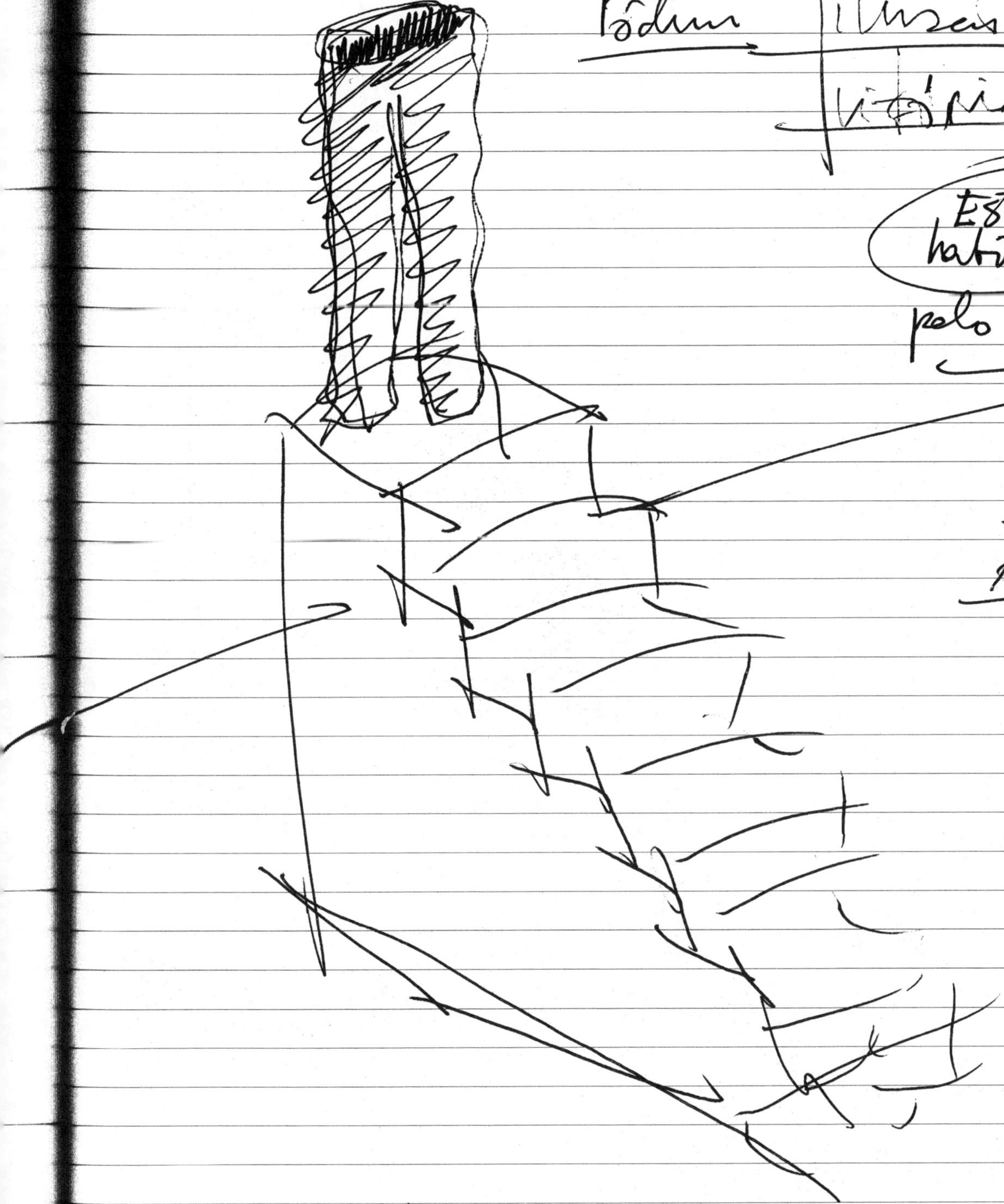

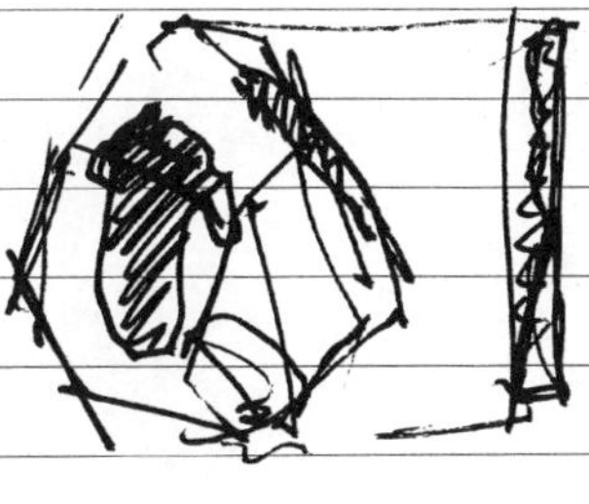

Alguma?

Im/permanência
Im/permanence

Thomas Ellmer

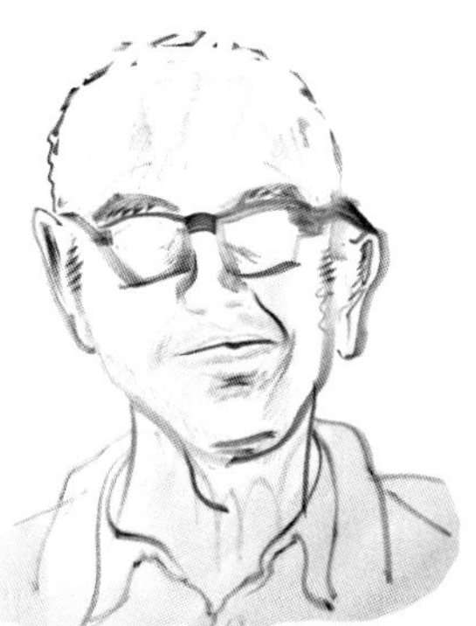

Im/permanência
Im/permanence

Thomas Ellmer

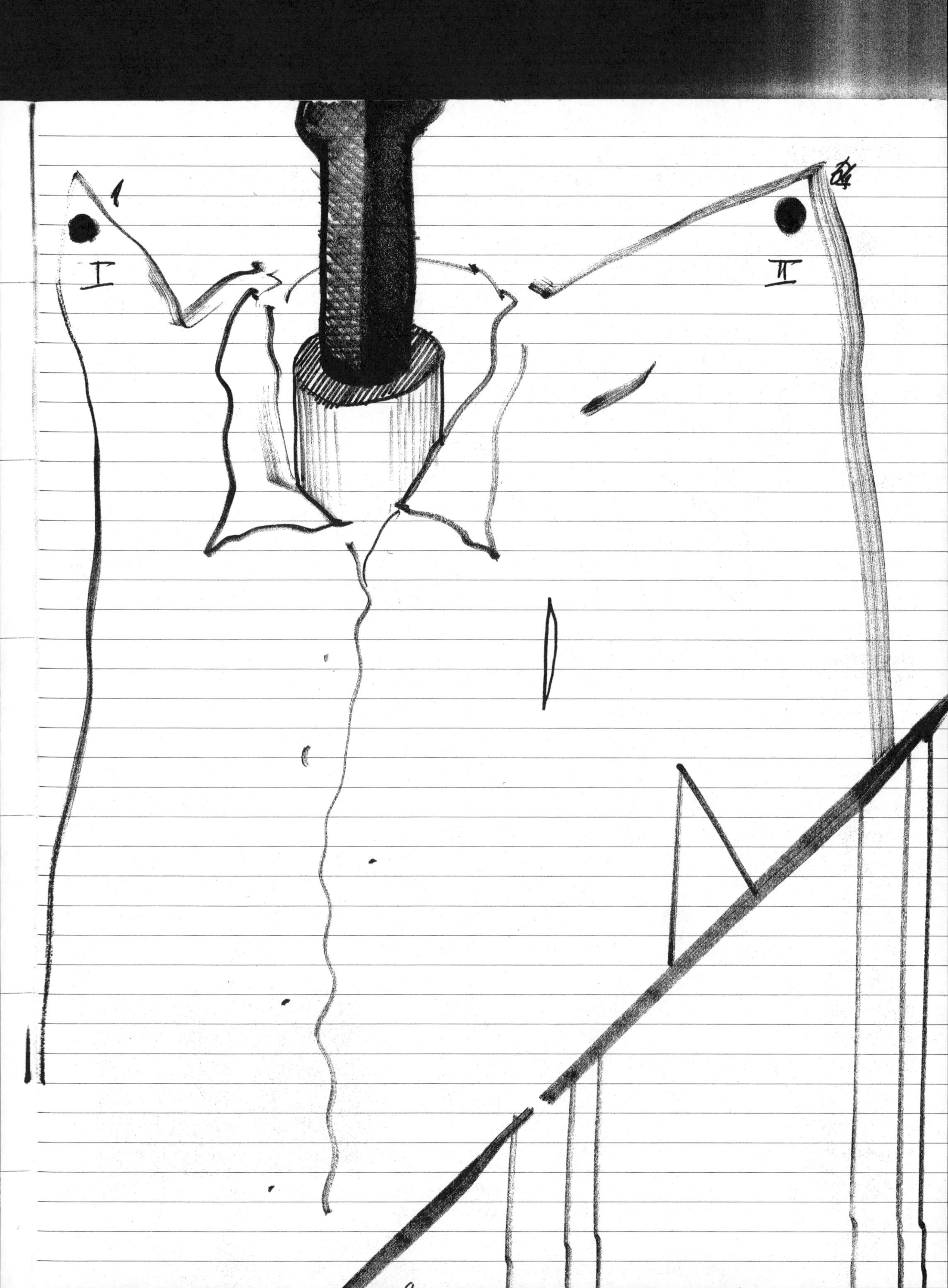

1
I
II

Quando Fernão Cruz descreve a maneira como o seu trabalho é feito, refere que faz poesia. Vêmo-lo distintamente à luz do título da última apresentação do artista na Rialto6: *Outro*. Contrapondo o significado desta expressão em inglês – em que "outro" designa uma pequena, e distinta, secção de encerramento, no final de algo – o "outro" costuma surgir *a posteriori*. Por isso, podemos entender a poética desta exposição numa lógica conceptual, que sugere que o seu princípio é também o seu fim.

Estas novas obras concebidas para *Outro* foram feitas predominantemente à base de cinzas ou bronze. A cinza é detrito da vida, e representa a natureza temporária das coisas. Por outro lado, o bronze é uma das mais robustas ligas metálicas que existe, com uma expectância de vida infinita. A inclusão destes dois materiais simboliza a existência cíclica da humanidade, e para Cruz o seu relacionamento deslocado com o mundo e o ambiente que habita – ele é *outro*.

Convém assinalar que a prática artística de Cruz não se limita a géneros, suportes ou materiais específicos – com frequência o artista passa do desenho para a pintura, ou para a escultura. Pode apresentar obras vibrantes, ou sem cor, ou ambas. Neste caso, *Outro* é dominada por uma paleta de cores sóbrias, uma escolha assumida pelo artista para realçar a aura deste corpo de trabalho. Como em tantas outras exposições, Cruz recorre a *readymades* e respetivas associações para provocar o espectador – a título de exemplo, o extintor com nó na mangueira à entrada do espaço, *Vínculo*, que transforma e agrava as nossas premonições. Em *Outro*, o artista salienta o ambiente doméstico, facilmente reconhecível, num diálogo de recordações pessoais e narrativas de gente comum, para manifestar, com estas obras, não somente representações da sua própria psique, mas também uma consciência coletiva culturalmente partilhada por todos.

Um dos primeiros trabalhos com que nos deparamos é *Pausa* – uma janela em

When Fernão Cruz describes how his work is made he refers to making poetry. This can be well understood by the title of the artist's latest presentation at Rialto6: *Outro* – which, in Portuguese, means *Other*. However, for those more familiar with its English definition – that being a short, distinct closing section at the end of something – an outro is usually after-the-fact. Therefore, the poetics of this exhibition can be seen in the conceptual framework that suggests its beginning is also its ending.

This new body of work produced for *Outro* is predominately made with either ash or bronze. Ash is the debris of life and representative of the temporary nature of things. Conversely, bronze is of the world's most robust alloys and has an infinite life expectancy. The inclusion of these two materials is symbolic of humanity's cyclical existence, and for Cruz his dislocated relationship with the world and environment he inhabits – he is *other*.

Cruz's artistic praxis should be noted by the fact that it isn't limited to specific genres, media or materials – the artist regularly shifts from drawing to painting to sculpture. His presentations can be vibrant, colourless or both. In this instance, *Outro* is dominated by a muted palette, a deliberate decision by the artist in order to enhance the aura of this body of work. Like in many of Cruz's exhibitions, readymades and their associations are drawn upon to implicate the viewer – for example, the fire extinguisher with a kinked hose at the gallery entrance, *Bond*, alters and heightens our premonitions. In *Outro*, the artist emphasises the domestic environment, one we all recognise, to differentiate between personal recollections and the narratives of everyday people to make these works not only representations of his own psyche, but also of a culturally shared collective conscious.

An early work stumbled upon is *Pause* – an aluminium window which inverts the interior of the Rialto6 galleries, to instead

alumínio que inverte o interior de um dos espaços da Rialto6, criando a sensação de estarmos a observar esta obra a partir do exterior do edifício. Isto fica ainda mais realçado pela transformação descolorida e desgastada das paredes contíguas. Com este gesto, Cruz dá início à investigação encetada pelo espectador, questionando se se está a olhar para dentro ou, pelo contrário, a olhar de dentro para fora. Perto dela, deparamos com uma série de pinturas em cinza, a mais curiosa das quais exibe um braço. A mão segura um envelope, e o seu título, *Notícia de Existência ou Pedido ou Recusa*, serve de convite para mergulharmos ainda mais profundamente no mundo do artista.

Cruz estabelece um território liminar que é sustentado ao longo desta exposição. Dentro do espaço está um fantasma, cujas ações se desdobram como uma espécie de experiência psicológica que aumenta ainda mais a consciência do ambiente à nossa volta. Nós, os espectadores, somos testemunhas de paradigmas sobrepostos, em que a familiaridade com objetos do quotidiano ainda nos prende a uma certa realidade, mas cujo insólito propósito nos cria desconforto. Por exemplo, em *Lavar o Entulho*, uma esfregona em suspensão fica presa numa botija de água e num pé — título que sugere um desejo de estar purificado de pensamentos intrusivos e de complexos emocionais.

No espaço inferior, que lembra uma inquietante cave de arrumos, encontramos uma máquina de lavar em bronze. Dentro dela, avistamos a cabeça em cinza moldada do pai de Cruz, símbolo de uma relação complexa — se a máquina de lavar fosse real, e estivesse operacional, a cabeça já se teria diluído e desvanecido. Neste caso, a réplica em bronze protege o busto frágil do mal. ½ aparenta ser uma camisa encharcada, cravada na parede por marcas de esfaqueamento, no lugar onde ficava o coração do utilizador. Enquanto escultura, permanece como um fantasma, ou melhor ainda, um espírito, visto que o primeiro acaba por desaparecer, enquanto o outro

feel like we are viewing this work from the building's exterior. This is emphasised further by the discoloured and decayed transformation to the gallery walls. With this gesture, Cruz initiates the viewer's investigation, asking: are we on the outside looking in or on the inside looking out? Close by are several ash-based paintings, the most peculiar of which bears an arm. Its hand offers an envelope and its title *Notice of Existence or Request or Refusal* is an invitation to step further into the artist's world.

Cruz establishes a liminal territory that is maintained within this exhibition. In this space is a phantom whose actions unravel as a psychological experience, making us all too aware of our environment. We, the viewers, are witnesses to overlapping paradigms, where the familiarity of everyday objects keep us attached to some kind of reality, yet their uncanny reason creates a sense of unease. For example, in *Washing Away Debris*, a freestanding mop is stationary as it becomes tangled with a water bottle and a foot — its title is suggestive of a desire to be purified of intrusive thoughts and emotional hang-ups.

A bronze washing machine is found in the downstairs gallery, which feels like an eerie utility basement. Inside is an ash-casted head of Cruz's father, emblematic of their complex relationship — If the washing machine were real and active, the head would dissolve and wash away. In this case, the bronze replica protects the fragile bust from harm. ½ is a seemingly soaking wet shirt which has been knifed to the wall, roughly in the location of where the wearer's heart would be. As a sculpture, it lingers much like a ghost or better still, a spirit as the former ultimately vanishes while the latter endures. On this level's exterior balcony, a crutch, *The Assistant*, emerges to reveal another object rendered futile and redundant.

Throughout *Outro*, Cruz appears then disappears. In the upstairs mezzanine gallery, we see his final act — an unmade bed,

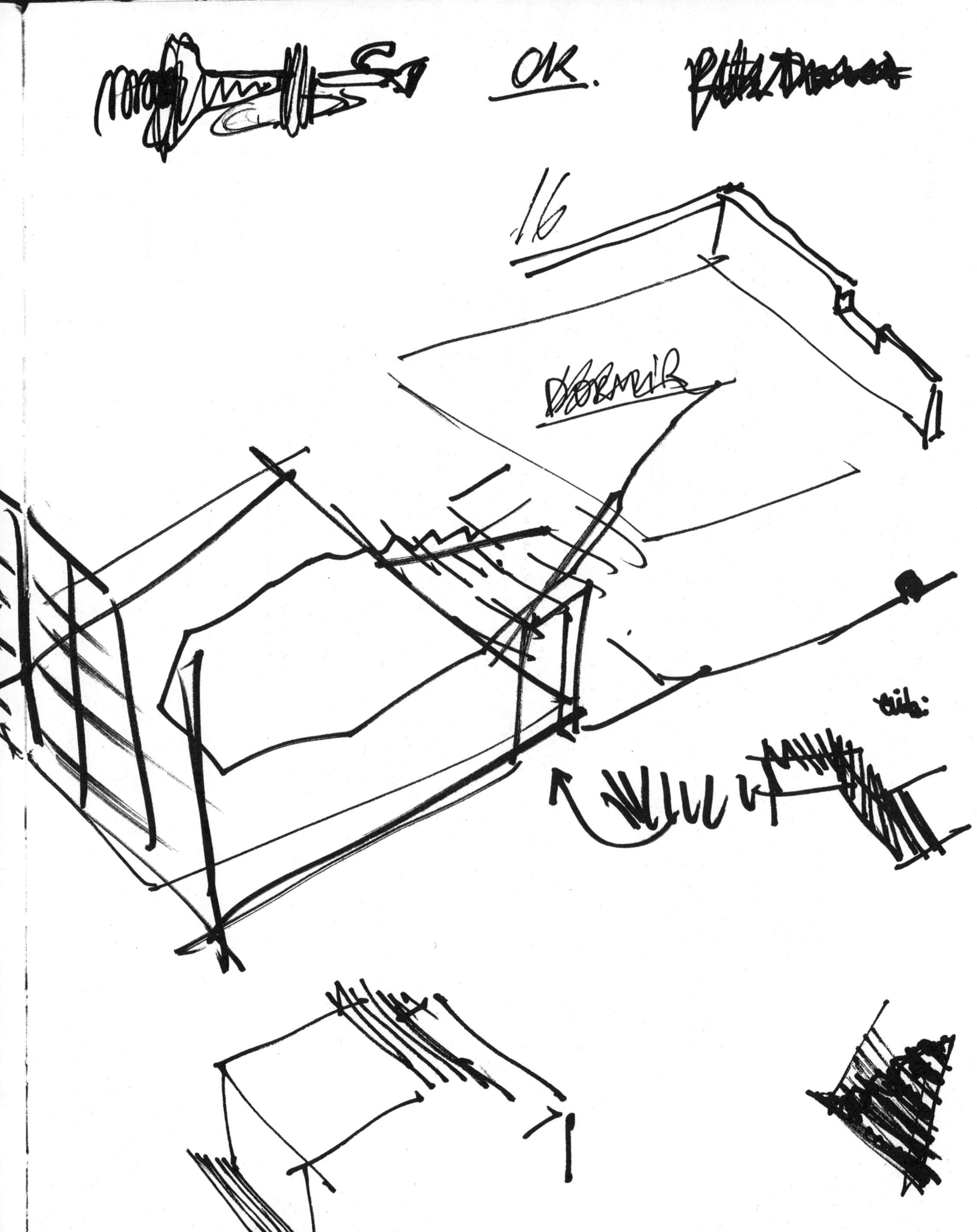

sempre resiste. Na varanda exterior está uma muleta, *O Assistente*, outro objeto tornado fútil e redundante.

Ao longo de *Outro*, Cruz aparece e depois desaparece. No mezanino, vemos o seu ato final – uma cama desfeita, *Fantasma*, suspensa do chão. A cama, como habitat, é sinónimo de declínio do bem-estar mental, e de dissolução crescente com a sociedade. É como se o seu estado decadente e assombrado testemunhasse a partida de alguém, ou de alguma coisa, depois de muito tempo, intimando mais uma aparição paranormal. Por perto, *Mesa de Cabeceira* é o nome dado a um caixote de lixo – recipiente de coisas indesejadas –, se bem que o objeto moldado em bronze garante permanência aos seus conteúdos. O outro ½ retrata uma segunda peça de vestuário molhado, neste caso um par de calças penduradas do ramo de uma árvore talvez, ou não, prova da presença do artista. Camada por camada, Cruz revela-se ao seu público. Nu e vulnerável, continua a sua *performance*.

Phantom, hovering off the floor. The bed as a habitat is synonymous with declining mental wellbeing and increasing dissolution with society. Its haunting and soiled state is as if someone or something has just left it following a long duration and is another hint towards paranormal apparition. *Bedside Table* is the title given to a nearby trash can – a vessel for things unwanted – however, the object now cast in bronze guarantees its contents permanence. The other ½ depicts a secondary soaking garment, this time a pair of trousers hanging from the branch of a tree and all but guaranteeing the artist's company. Layer by layer, he reveals himself to his audience. Nude and vulnerable, he continues to perform.

Vínculo, 2024
Bronze, estrutura de ferro revestida
com resina e cinza
92 × 70 × 26 cm

Bond, 2024
Bronze, iron structure coated with epoxy
resin and ash
92 × 70 × 26 cm

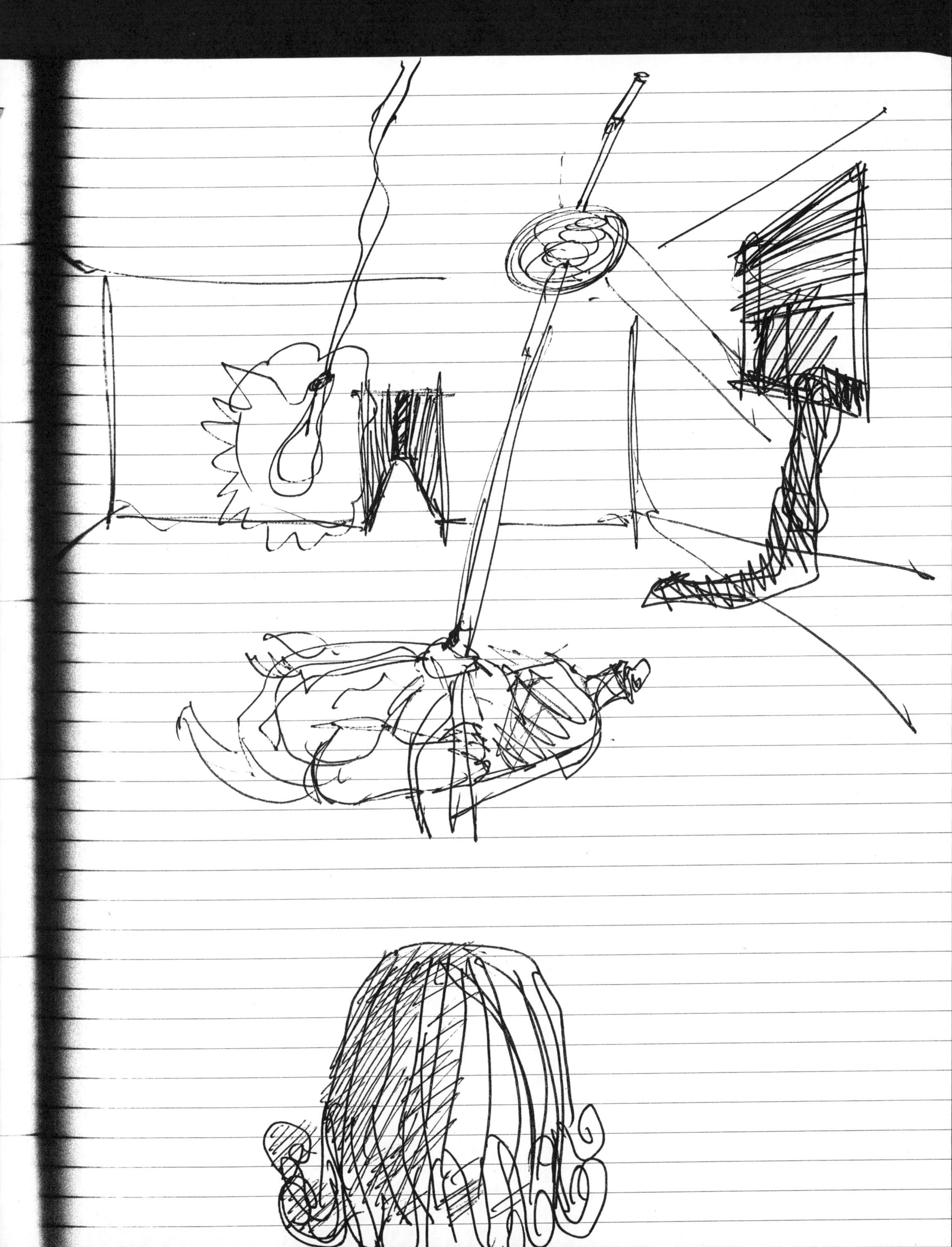

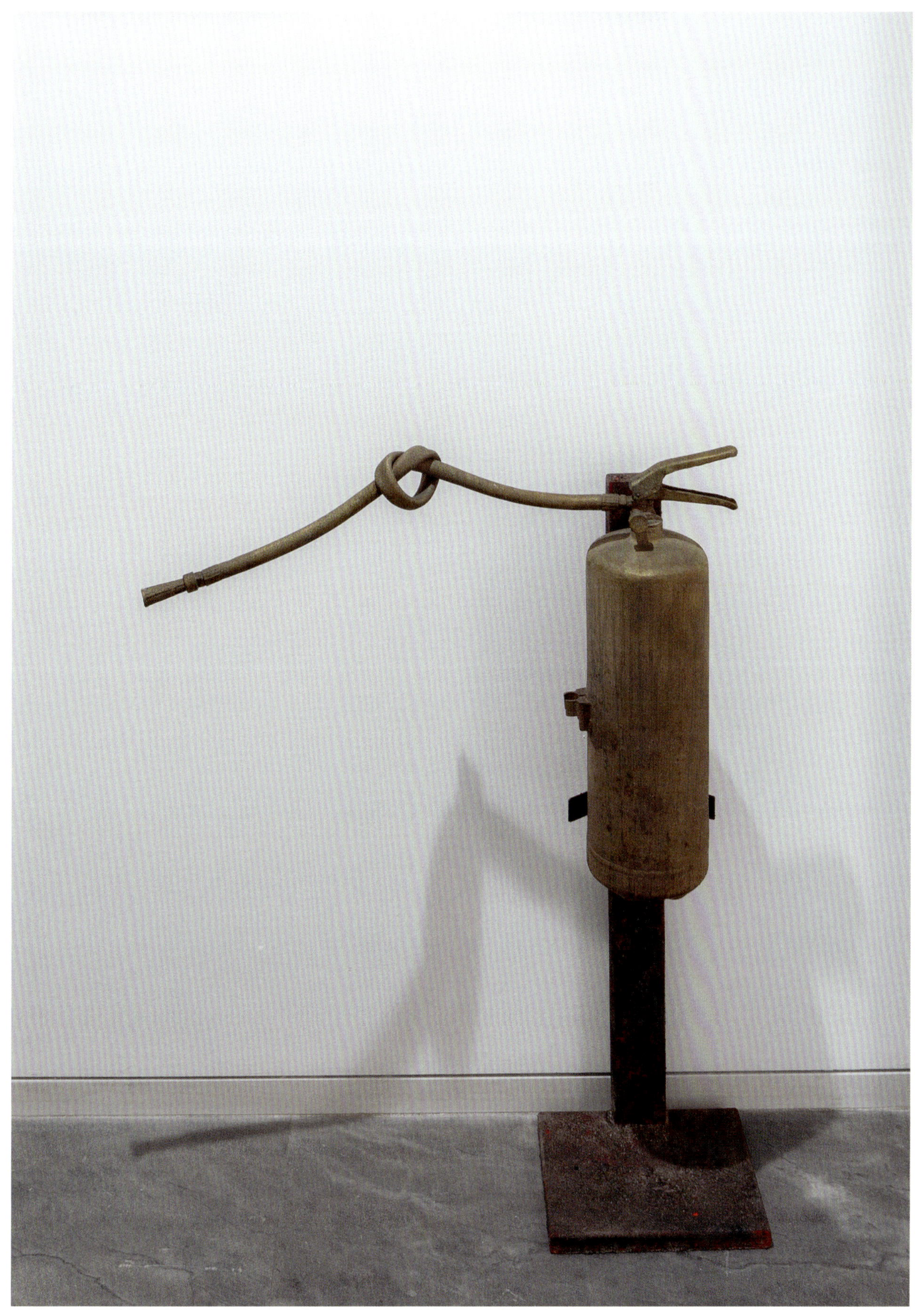

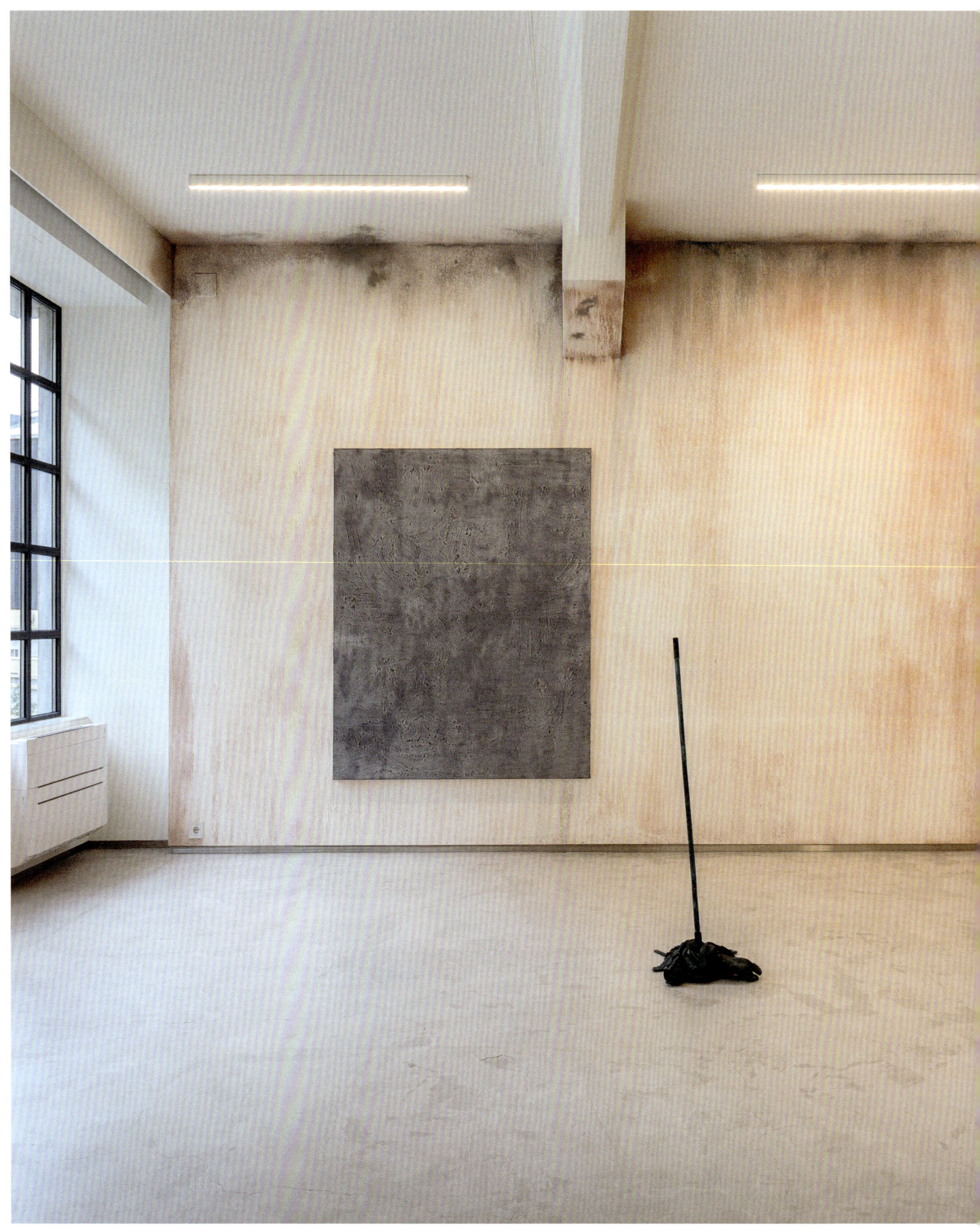

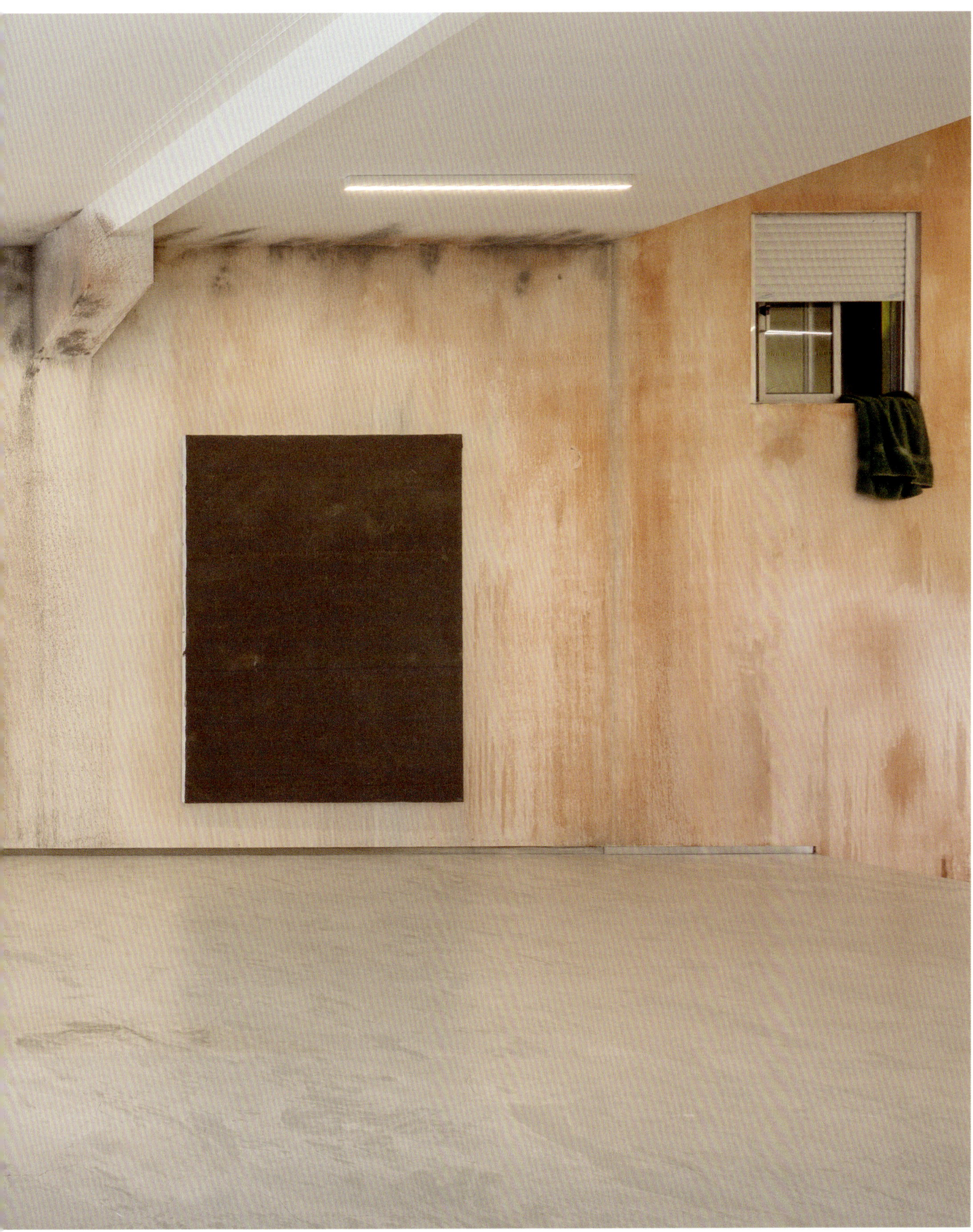

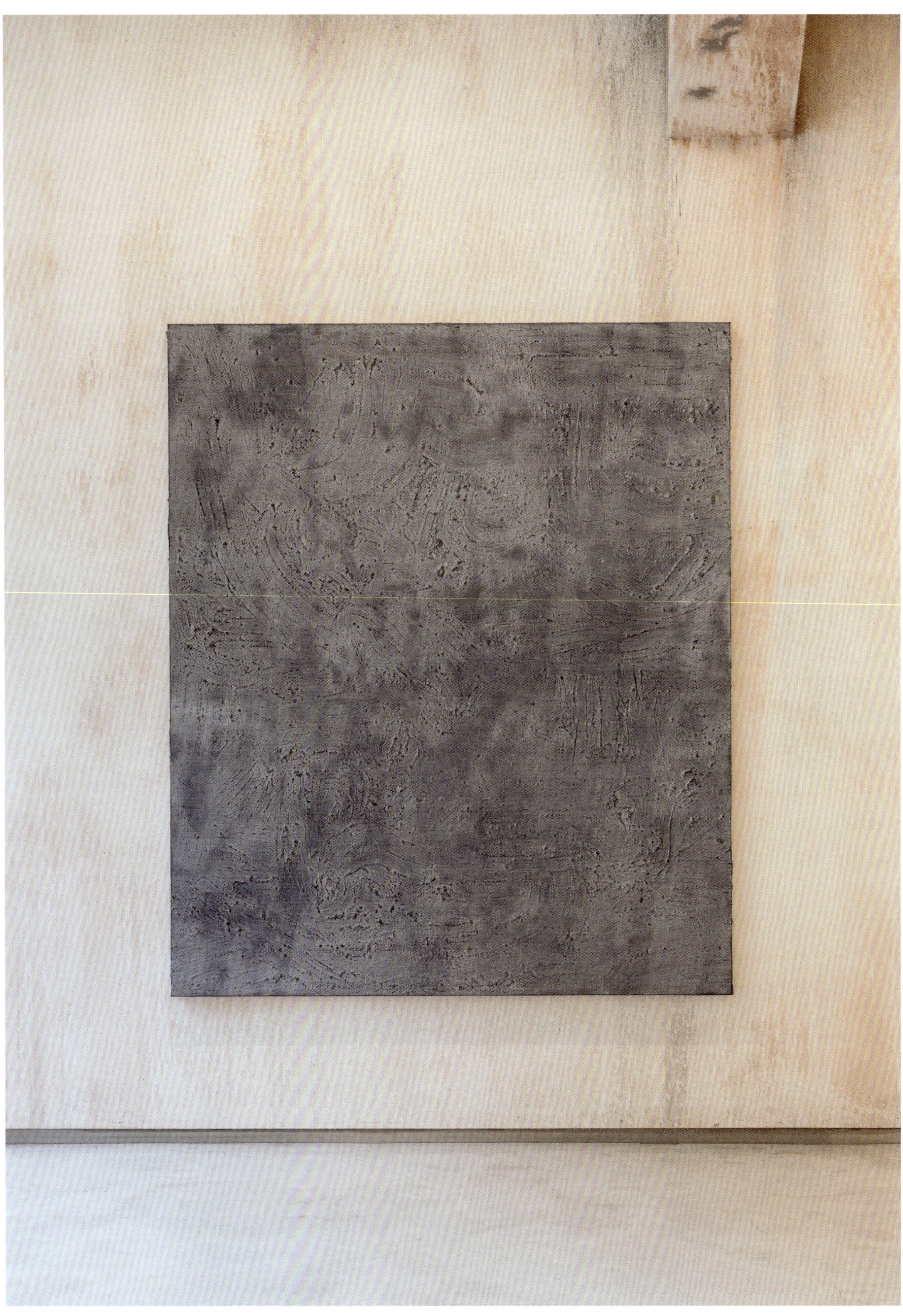

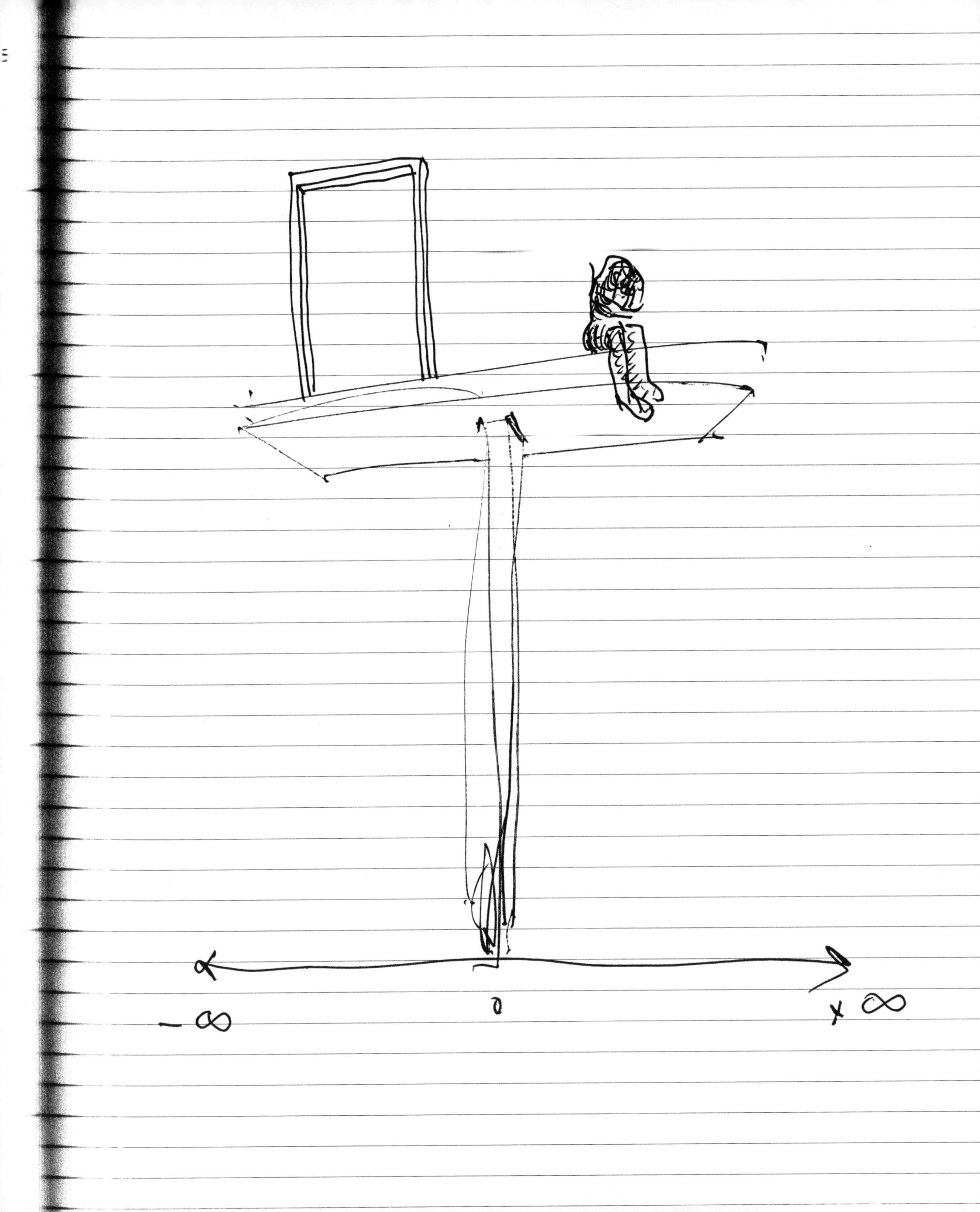

∞
−∞
0
x ∞

Véu, 2024
Cinza, cola e tinta de óleo sobre tela
180 × 150 cm

Veil, 2024
Ash, glue and oil paint on canvas
180 × 150 cm

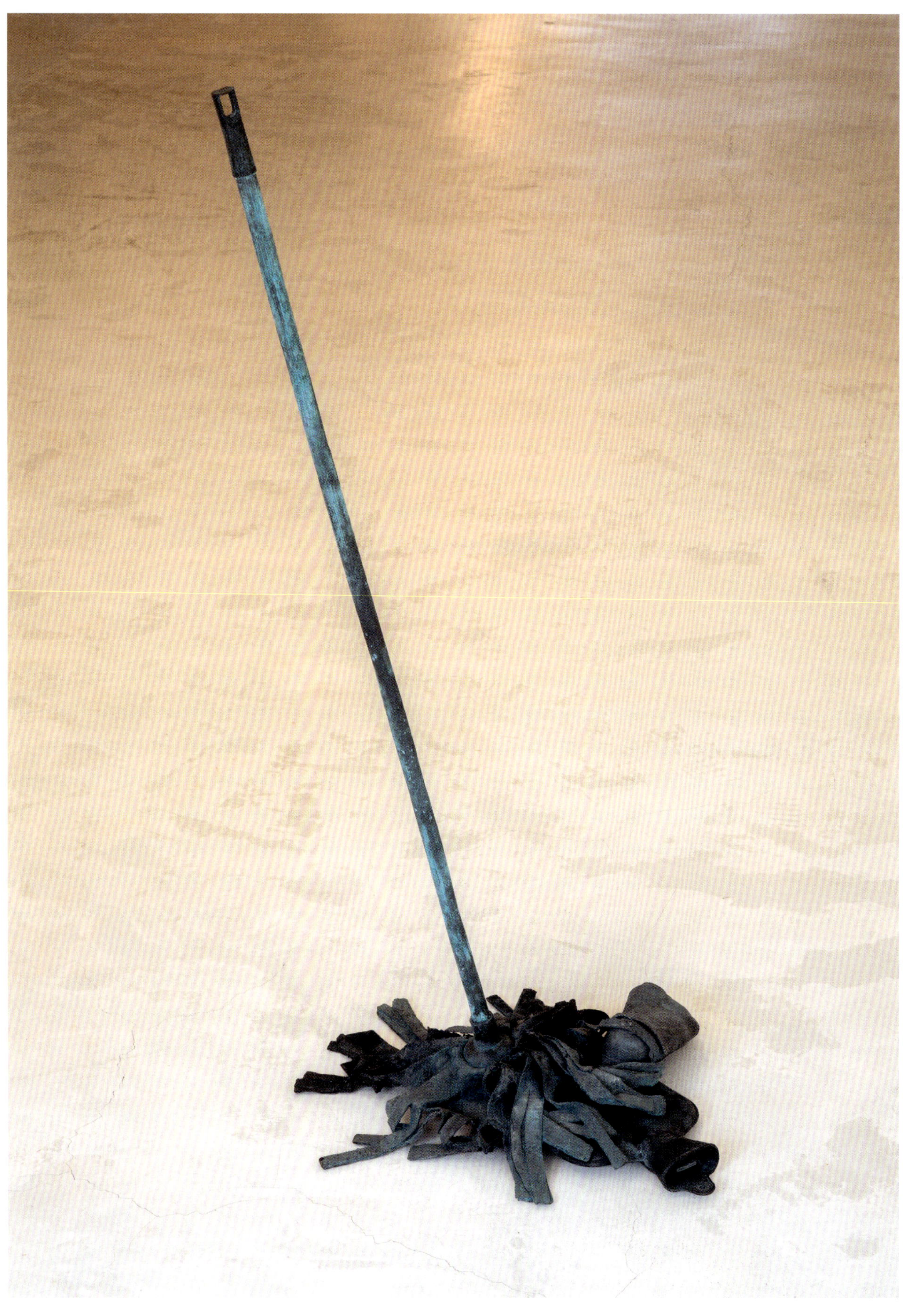

Ressurreição do milhentm

Lavar o Entulho, 2024
Bronze
121 × 57 × 50 cm

Washing Away Debris, 2024
Bronze
121 × 57 × 50 cm

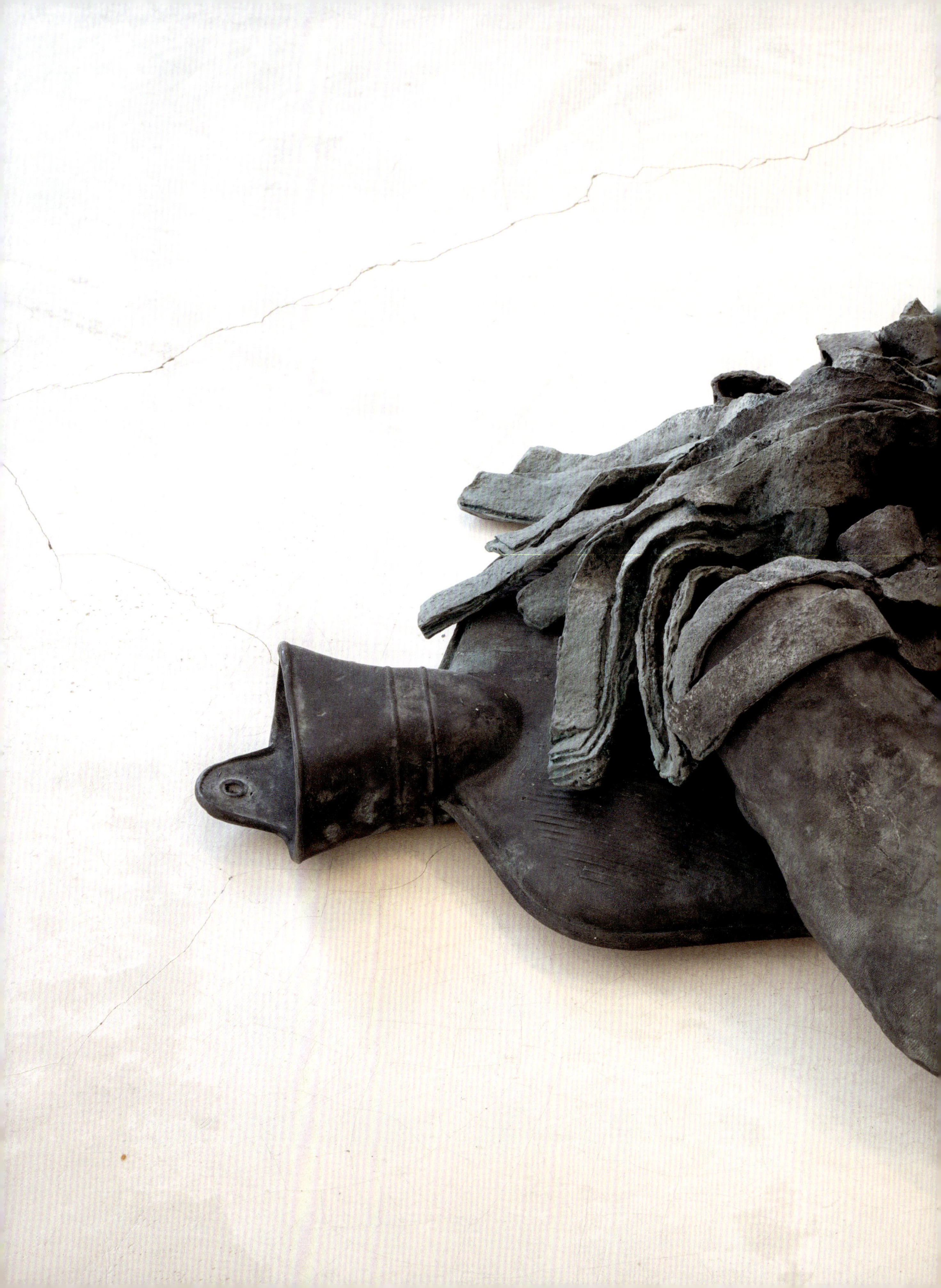

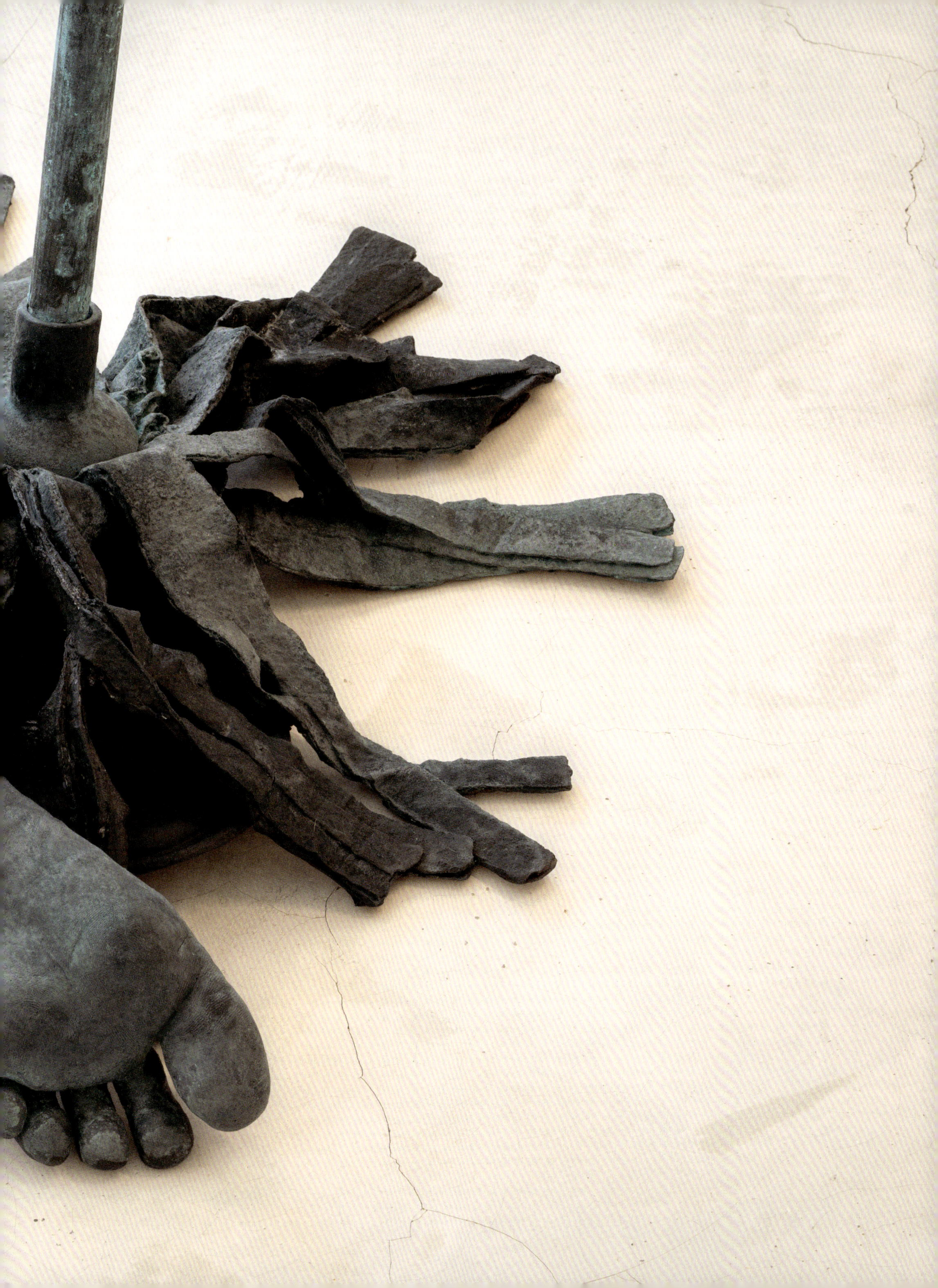

Espelho, 2024
Cinza e cola sobre tela
200 × 160 cm

Mirror, 2024
Ash and glue on canvas
200 × 160 cm

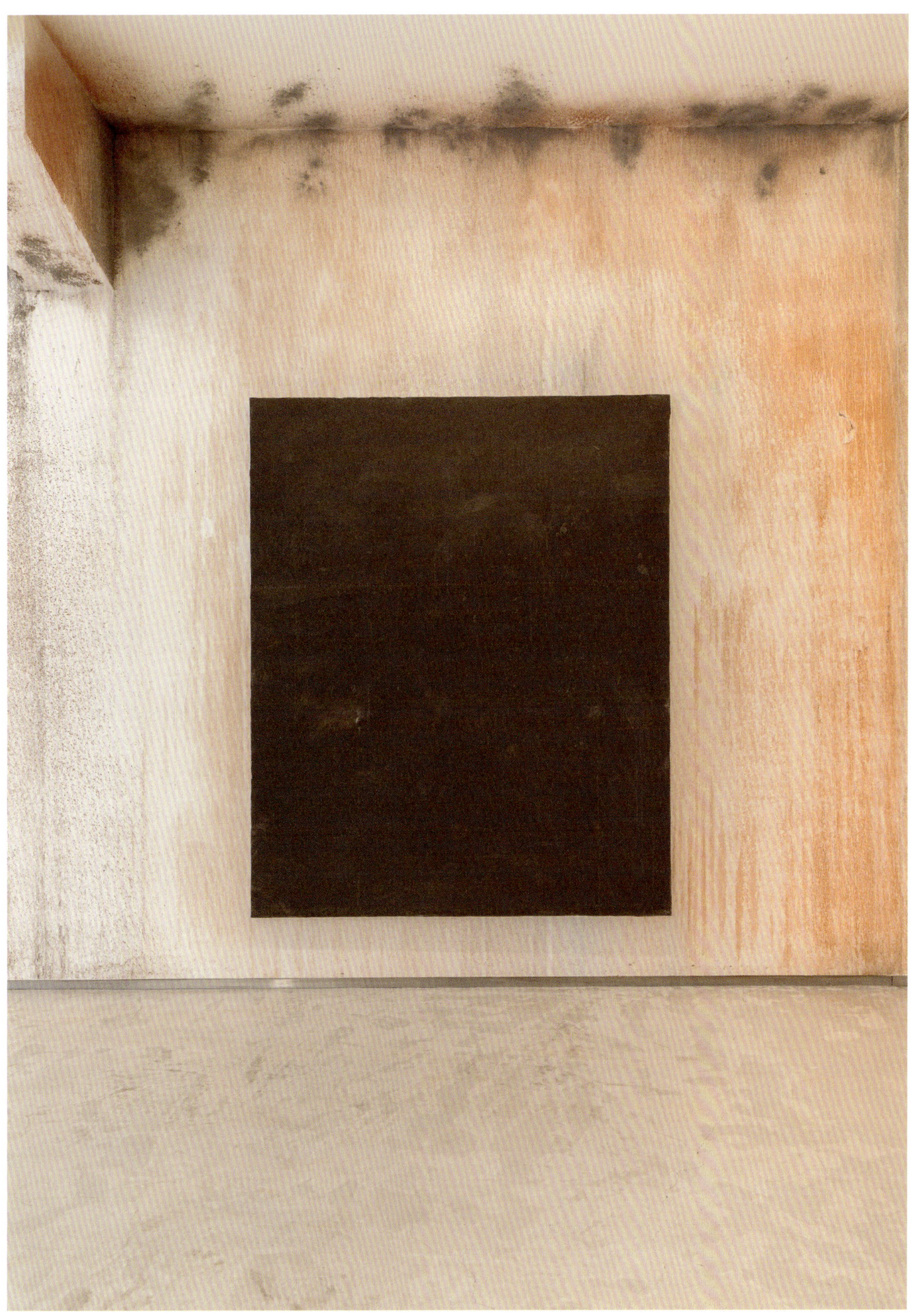

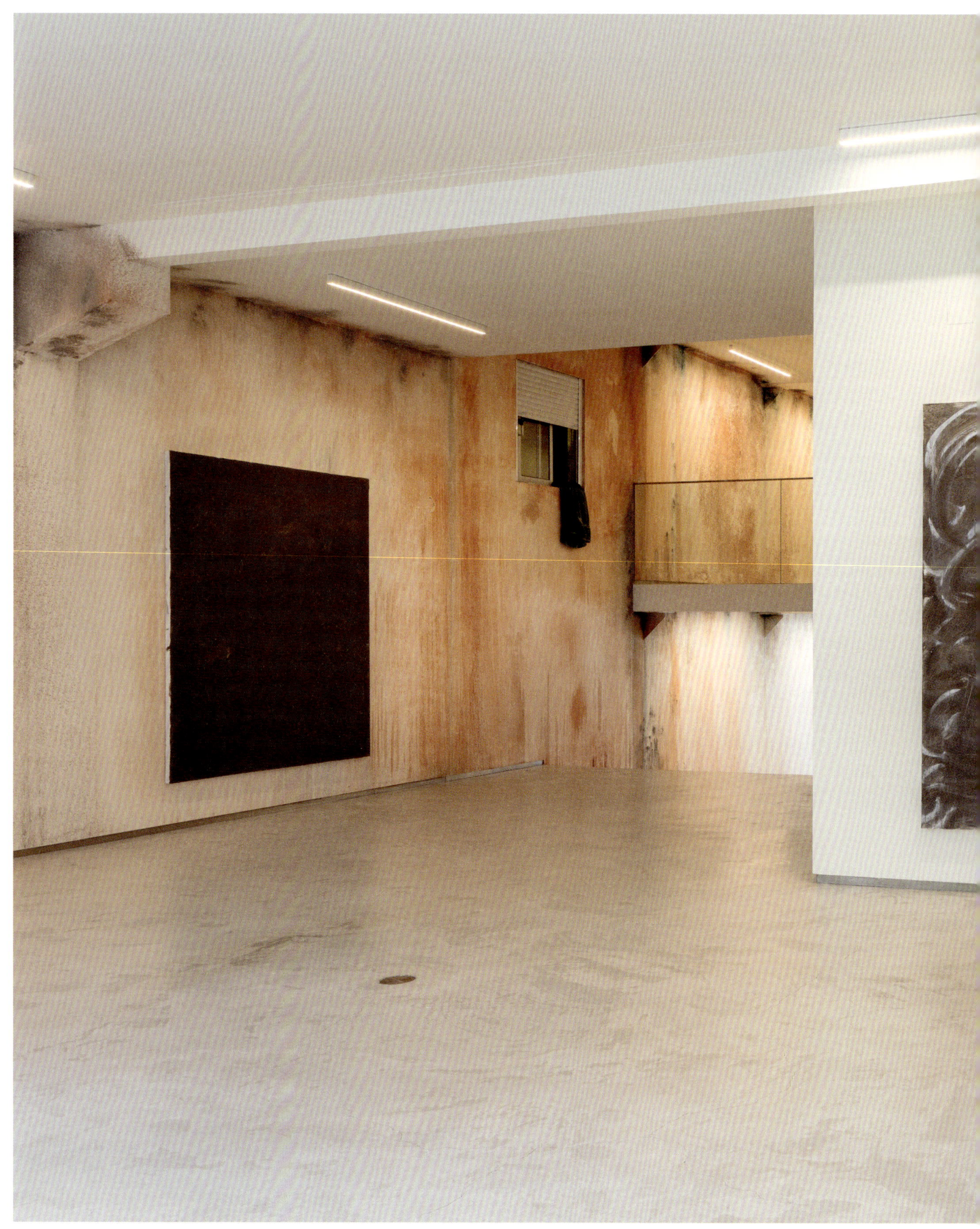

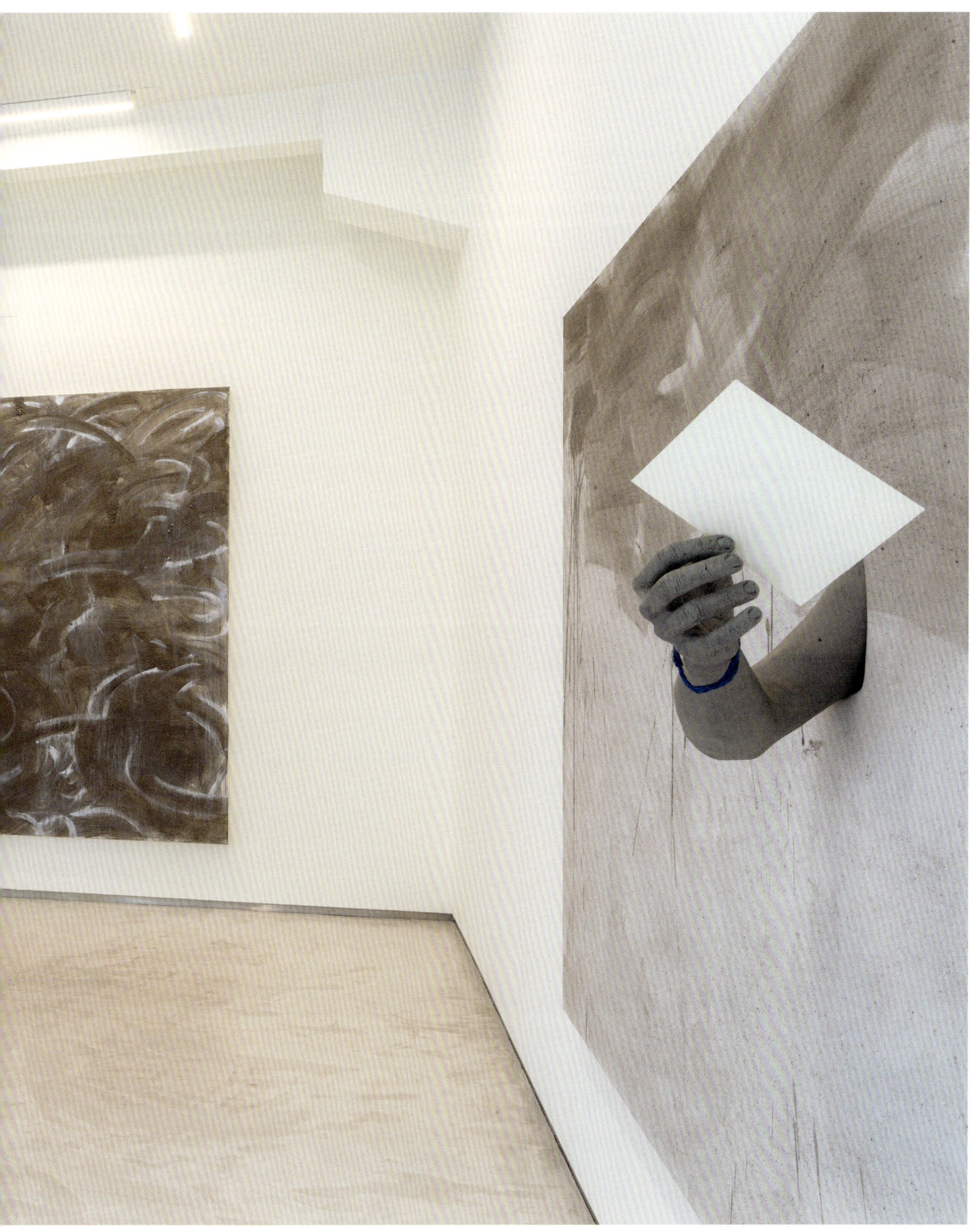

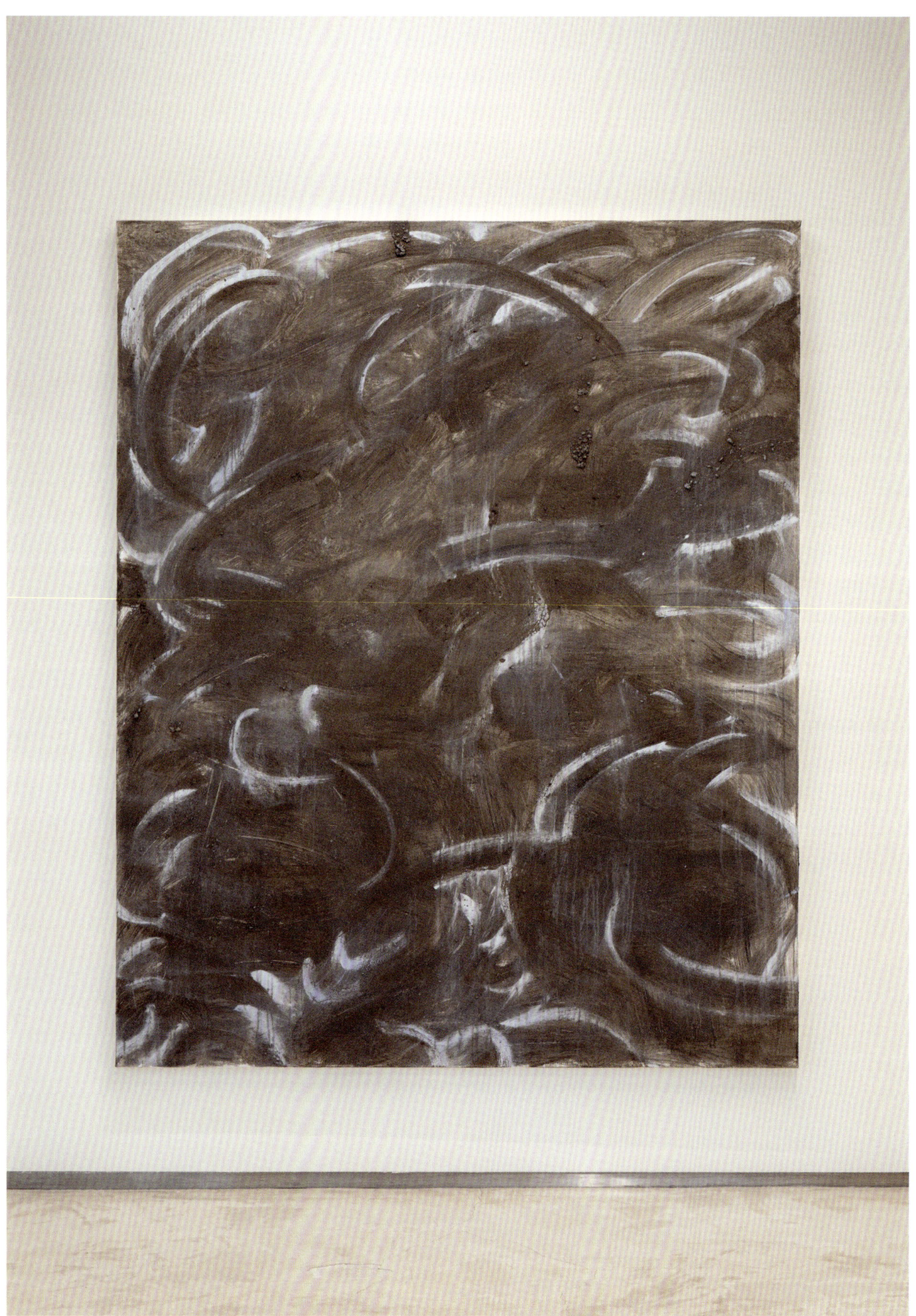

Tempestade à mesa, 2024
Cinza, cola e tinta de óleo sobre tela
200 × 160 cm

Storm at the table, 2024
Ash, glue and oil paint on canvas
200 × 160 cm

Notícia de Existência ou Pedido ou Recusa,
2024
Cinza e cola sobre tela recortada,
bronze, tinta de óleo, envelope de papel
150 × 180 × 40 cm

Notice of Existence or Request or Refusal,
2024
Ash and glue on cut-out canvas,
bronze, oil paint, paper envelope
150 × 180 × 40 cm

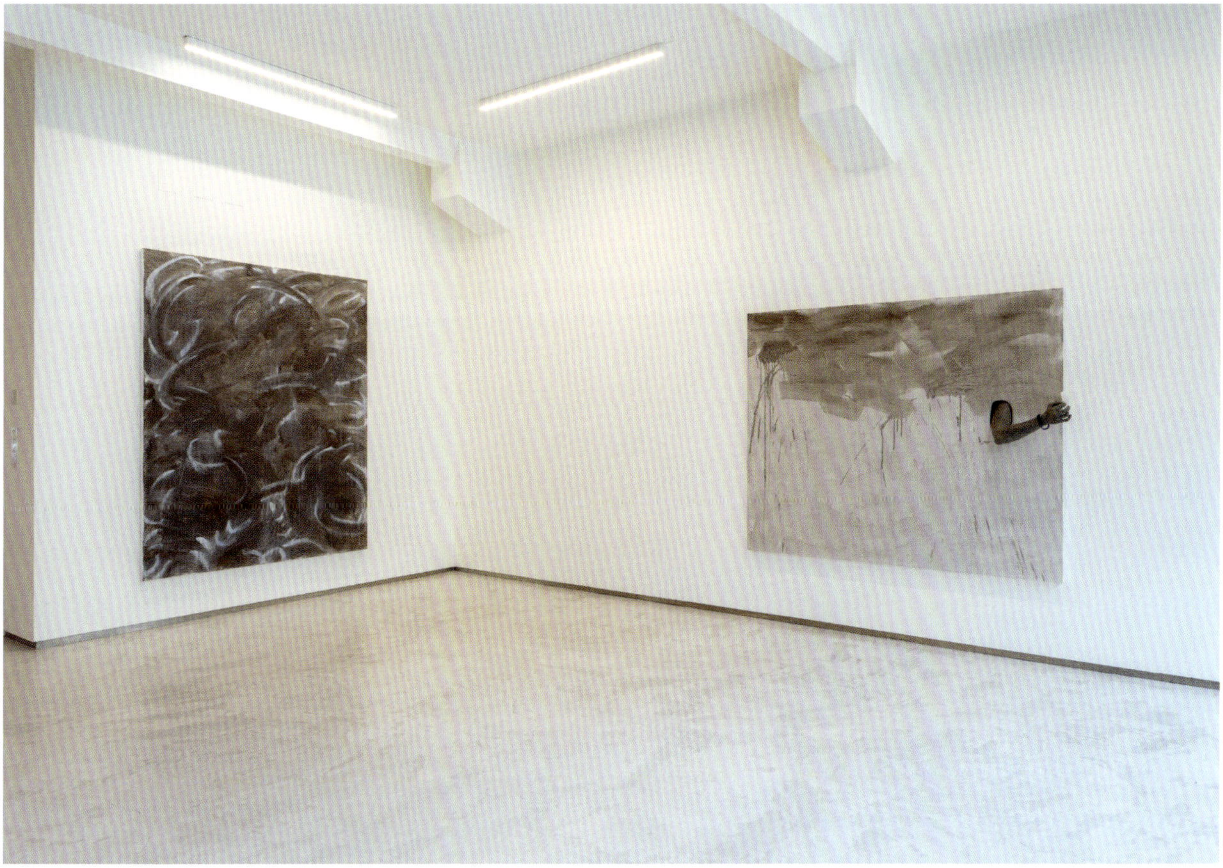

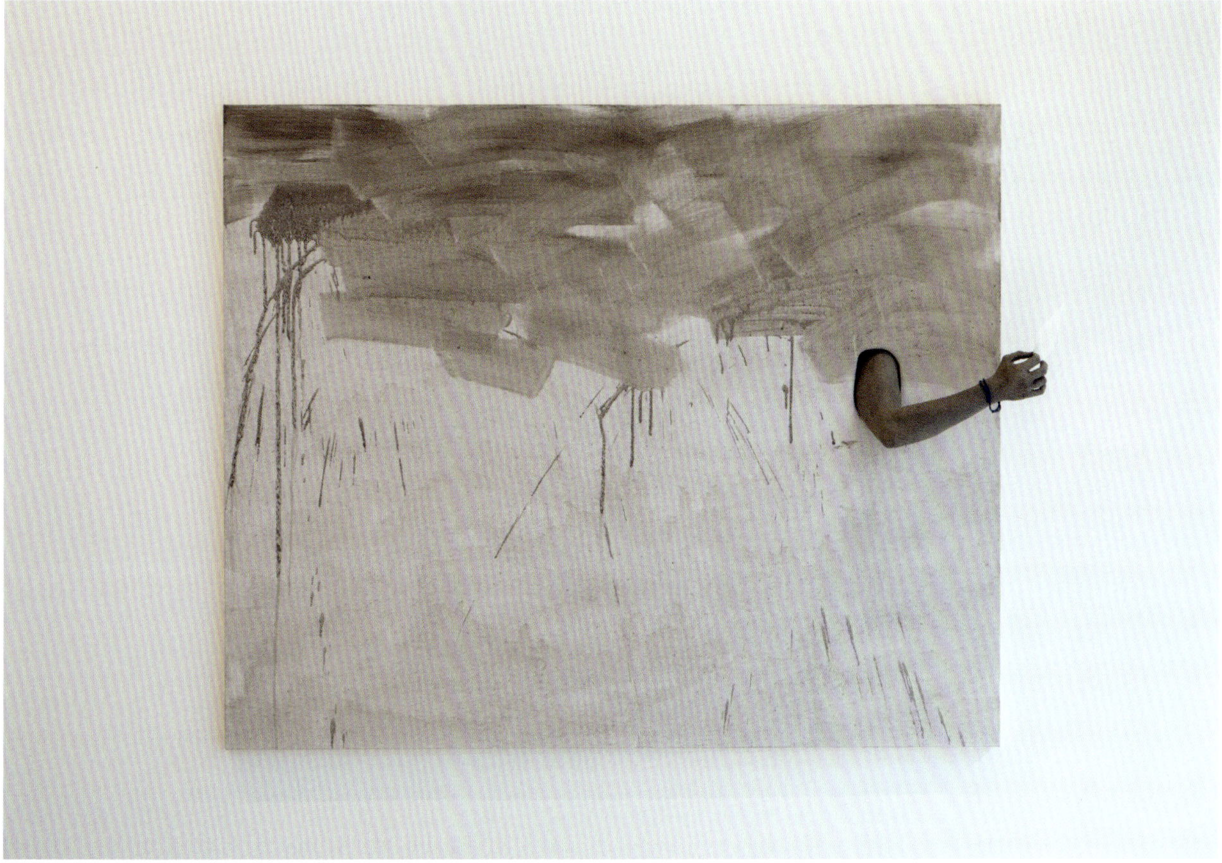

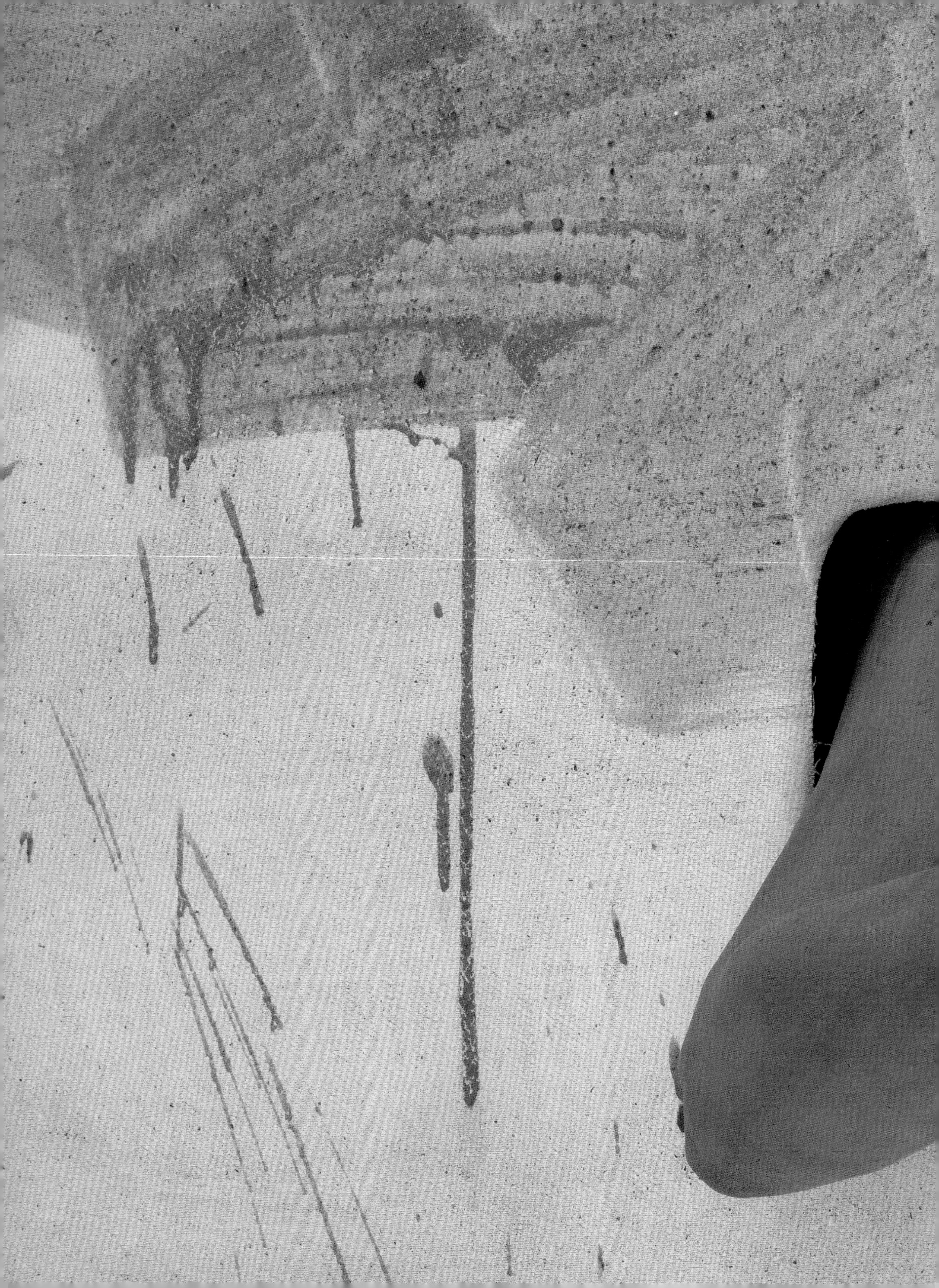

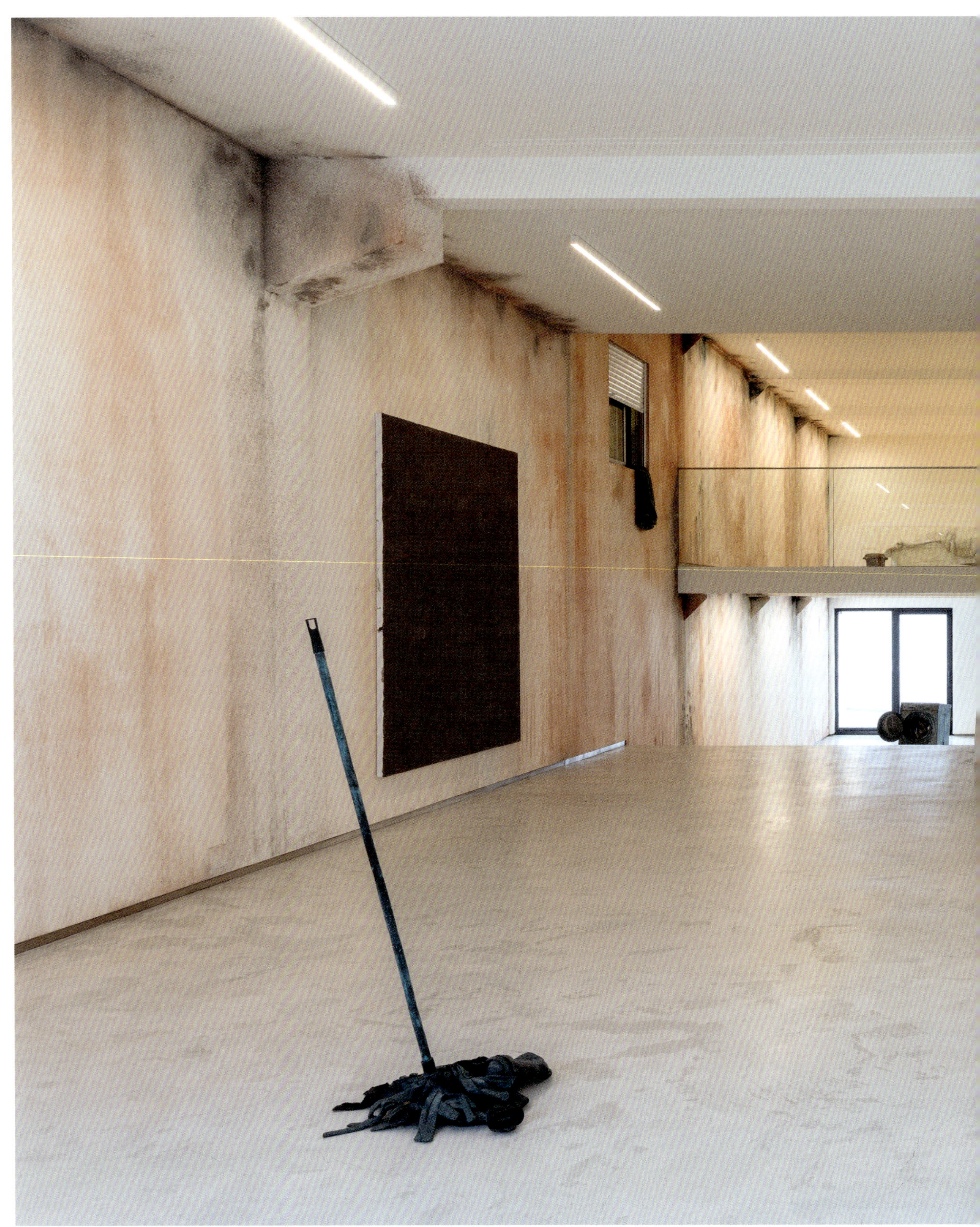

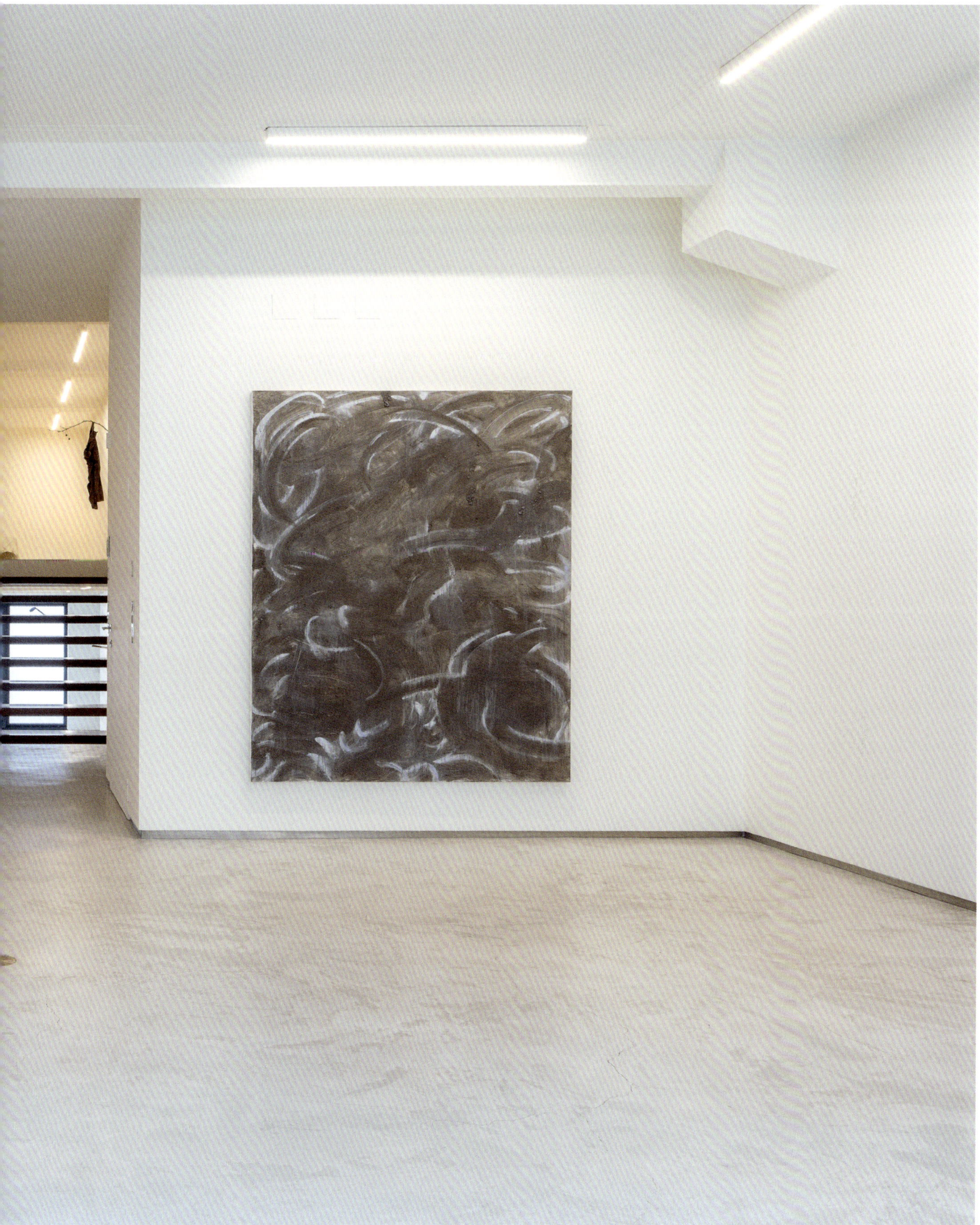

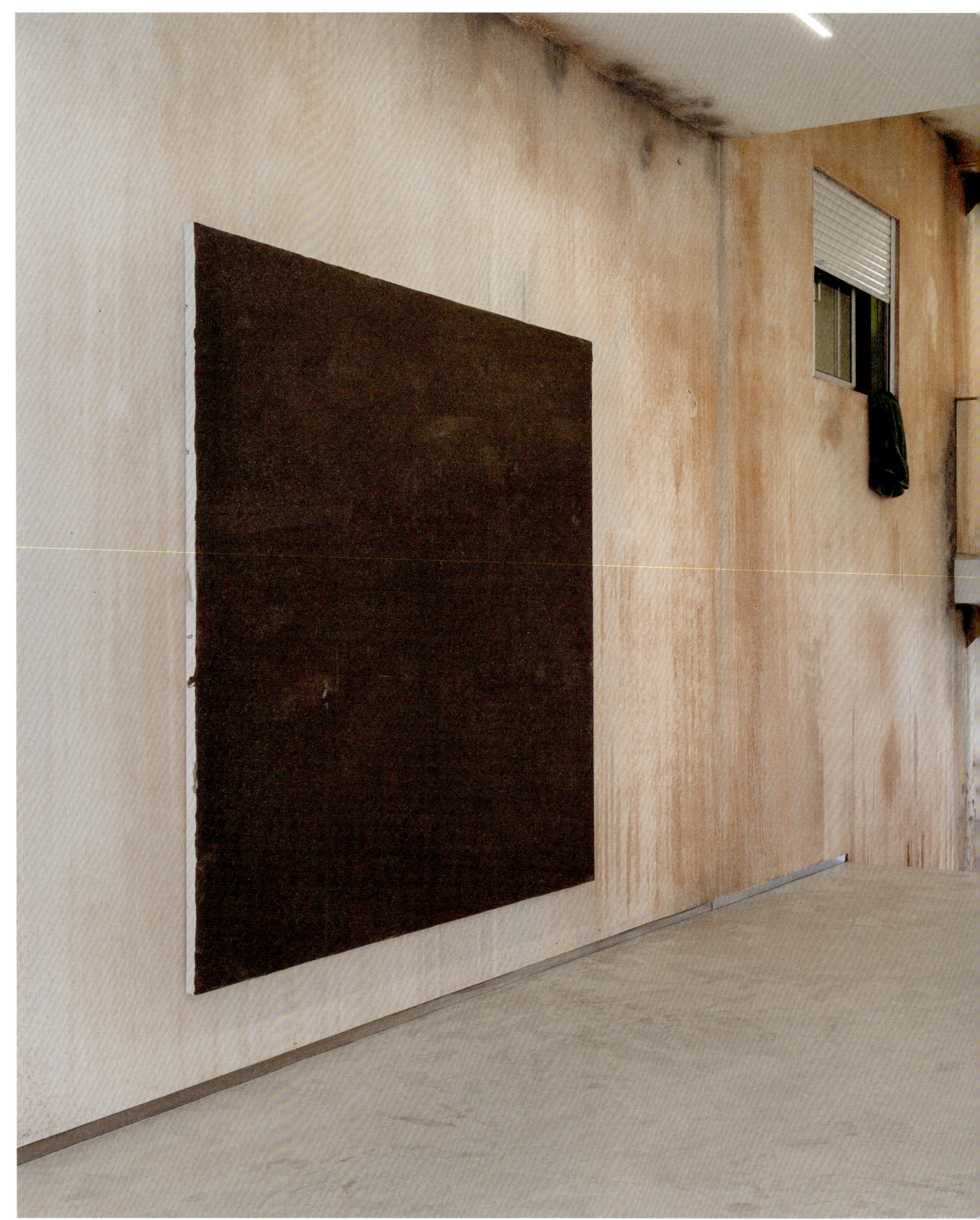

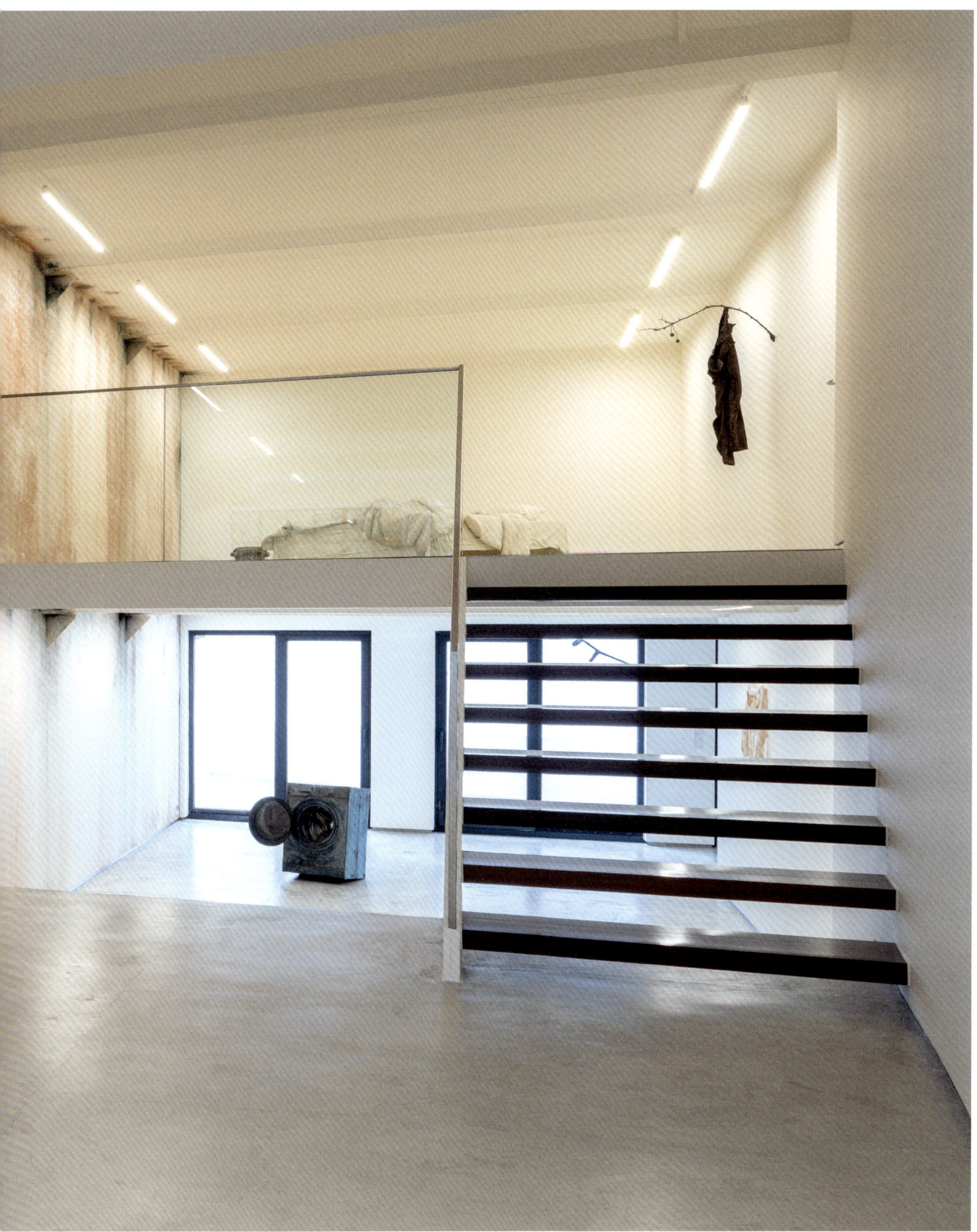

Um café com Carolina Grau
A coffee with Carolina Grau

Carolina Grau

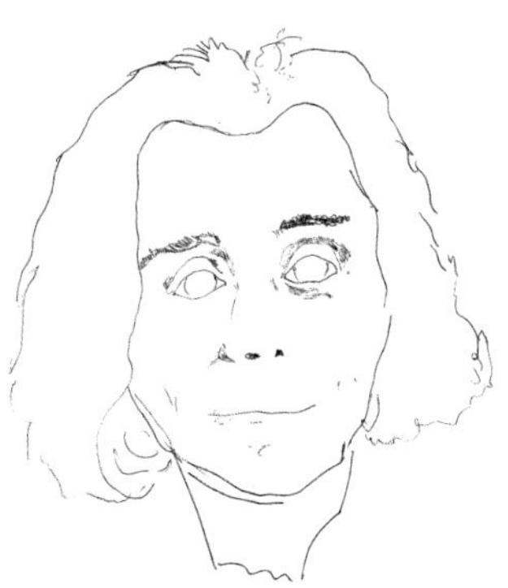

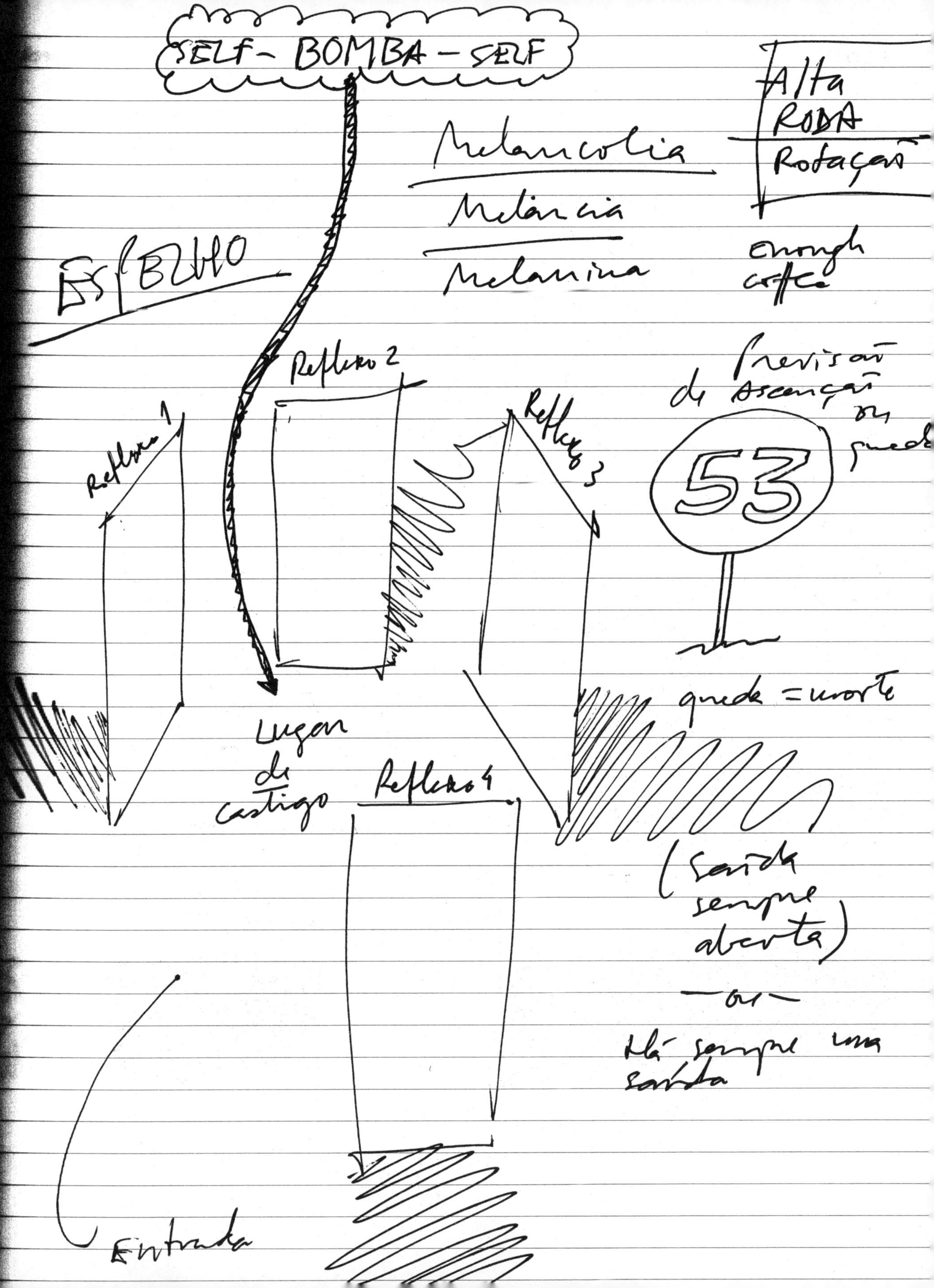

SELF - BOMBA - SELF
ESPELHO
Melancolia
Melância
Melamina
Alta
RODA
Rotação
enough
coffee
Reflexo 1
Reflexo 2
Reflexo 3
Previsão
de Ascenção
ou
queda
53
queda = morte
Lugar
de
castigo
Reflexo 4
(saída
sempre
aberta)
— ou —
Há sempre uma
saída
Entrada

Outro é o título da exposição de Fernão Cruz na Rialto6, uma instalação onde estamos num espaço indefinido. Não sabemos se estamos dentro ou fora. Cruz trabalhou com cinza, cobrindo as paredes principais do espaço com este material, criando uma sensação de decadência, pontuada pelo forte cheiro a cinzas de lixeira.

A maior parte das pinturas são feitas à base de cinzas, tendo uma delas um braço. A mão segura um envelope e o título *Notícia de Existência ou Pedido ou Recusa* é um convite a entrar num outro espaço.

Uma experiência psicológica torna-nos bastante conscientes do nosso desconforto neste espaço e talvez na nossa própria pele. O andar de baixo parece-se com uma cave, onde se encontra uma máquina de lavar roupa em bronze contendo a cabeça de um homem em cinzas, que se dissolveria assim que a máquina de lavar roupa fosse ligada. A seu lado está uma camisa com uma faca no coração, tornando presente a vida perdida, como uma espécie de espírito emaranhado na parede.

Carolina Grau (CG) A primeira coisa que notei quando entrei no espaço expositivo foi a intervenção de óxido de ferro e cinza na parede. O cheiro a cinza e óxido estava tão presente, que evocava memórias de espaços fechados e até de lixeira. Nos esboços de planificação que me mostraste a parede pintada não está presente. Quando é que decidiste pintá-la? À última da hora? Ou foi algo que de repente se tornou evidente quando estavas a instalar?

Fernão Cruz (FC) De repente tornou-se muito claro para mim fazer a parede principal para começar. Queria inserir, incrustar a janela nesta grande parede e ver como resultaria. A janela está virada para nós, quando entramos no espaço. Decidi pintar, pulverizar a parede, como se um edifício (um outro edifício) estivesse a intersectar, a impor-se no espaço de exposição, que outrora foi um apartamento, uma casa. Tinha a ideia muito clara de que já estava a construir um casulo.

CG E funciona. Quando vi a janela, tive a sensação de estar num espaço intermédio, em suspenso. A janela meio aberta com toalha verde pendurada, como se alguém a tivesse deixado ali, leva-me para um momento congelado no espaço, que é descrito no título desta instalação: "Pause". Fica-se à espera que apareça uma mão para pegar na toalha. Porque é que escolheste o verde para a toalha? Uma vez que a maior parte das obras da exposição são cinzentas ou brancas.

FC Trouxe várias toalhas de casa, monocromáticas e com riscas. Nenhuma estava a resultar até que me lembrei das toalhas de banho de casa da minha mãe. Trouxe uma, que é a que está na janela. Foi um instinto.

CG Sabes que o verde pode estar relacionado com a ideia de esperança e de natureza. É como um adereço que pode transbordar o espaço.

FC Quero construir uma meta existência com o meu trabalho. Quero compreender o mundo através dele. Por isso mesmo, quando estava a olhar para esta escultura, quando estava já acabada, senti que o meu corpo estava em pausa. É uma janela entreaberta, com o estore meio descido e uma toalha no parapeito. Via-a, de certa forma, como

uma ação que estava a meio de acontecer, como no palco, o momento em que esperamos que a cortina suba ou abra. A diferença é que a escultura, esta instalação é estática. Nada vai mudar, somente a luz que está dentro da janela e que vai acendendo e apagando ao acaso. Como um erro, como um momento em que algo pode ser anunciado, mas que acaba por não ser nada. Quase como um poema que foi interrompido a meio da sua leitura. Não sei se alguém vai saltar da janela. Não sei se a toalha vai acabar por cair. Não sei se quero saltar lá para dentro e tentar entrar nesse buraco negro. Mas nada disto importa, estas especulações. É um momento de respiração, de inalação. Esta janela é o metrónomo da exposição; define a sua velocidade de visualização.

CG   Esta instalação, *Pausa*, é muito forte... É a primeira obra com que somos confrontados e que nos torna conscientes de que estamos num lugar diferente. Evoca a ideia de possibilidade.

FC   Percebo porque dizes isso. O que aconteceria se eu saltasse para dentro de um buraco negro? Talvez uma outra realidade se tornasse presente. Se calhar não aconteceria nada, talvez acontecesse algo. Isso em si é já uma possibilidade: um olho mágico.

CG   Na tua última exposição na Cristina Guerra - Contemporary Art, apresentaste uma escultura, *Órfão*, feita com cinzas. Era o molde do teu corpo, deitado, a ser comido por pombos. Tudo coberto com cinza. Em *Outro*, expandiste o uso da cinza para a superfície das pinturas como no próprio local. Imagino que pintar com cinza não seja fácil, é um material tão fino e leve... Todas as quatro pinturas transmitem movimento.

FC   Todas elas, todas as pinturas, para além daquela que tem o braço, foram feitas com pincel ou esponja e com as mãos. O *Espelho* foi feito só com as mãos... É calmante, de certa forma.

CG   É muito performático, como um ritual de purificação. A cinza era, em muitas culturas, um sinal de tristeza e arrependimento. Na pintura *Espelho* podemos sentir o teu esforço a espalhar a cinza na tela.

FC   É um material que se torna difícil de pintar. Estou literalmente a usar material queimado, algo inerte. Quando se espalha a cinza misturada com cola, é bonito ver a separação dos materiais. A água da cola a escorrer pela cinza. É curioso que tenhas trazido ainda há pouco a palavra "possibilidade". Fizeste-me compreender que às vezes gosto de criar impossibilidades. Esta pintura à qual dei o título de *Espelho* tem a impossibilidade de nos refletirmos nele.

CG   Nestas três pinturas – *Espelho*, *Tempestade à Mesa* e *Véu* – tens estado a experimentar com um novo material, bem como no seu processo de produção, tendo uma relação de limpeza com a pintura.

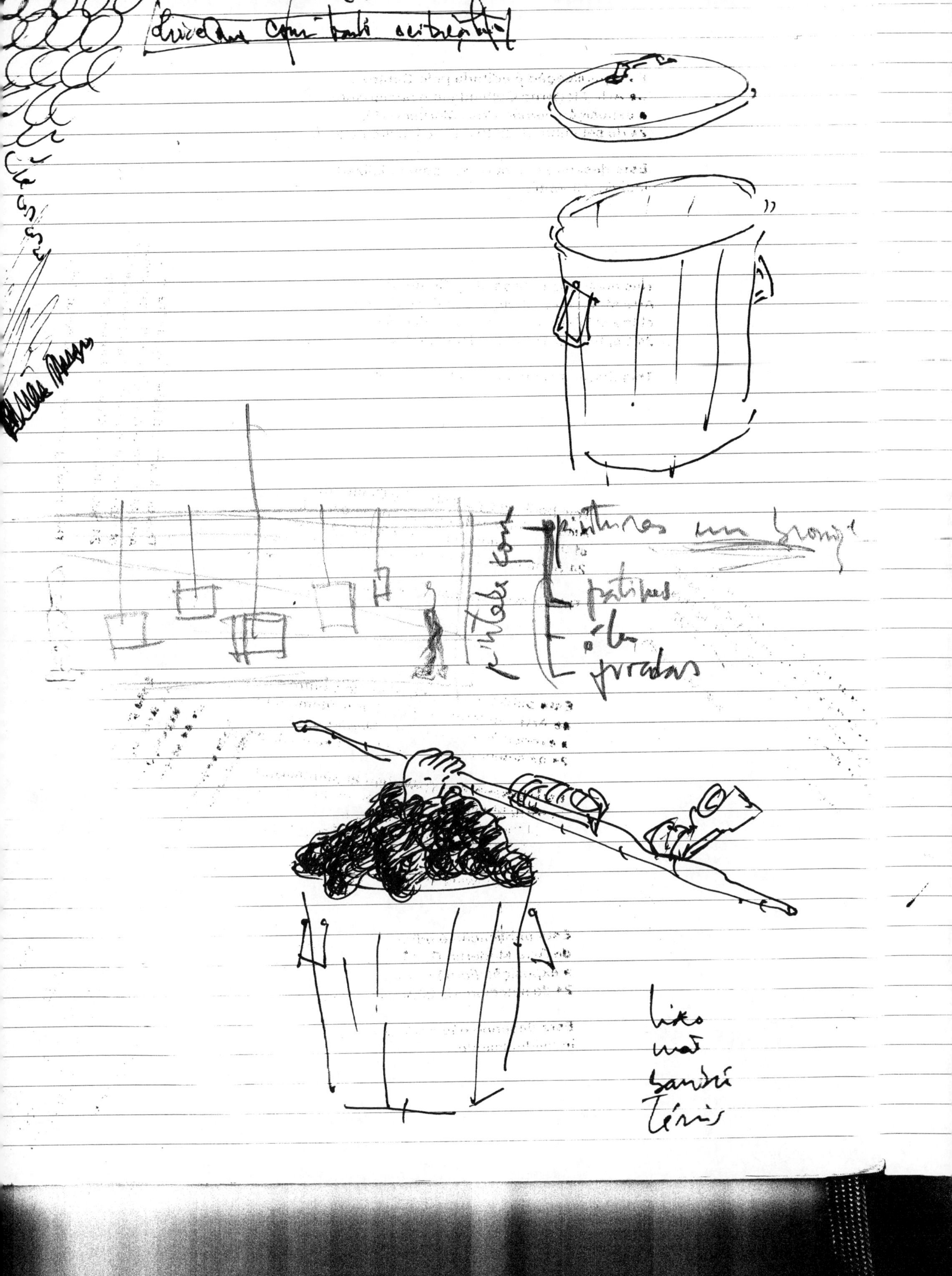

FC Para mim o que importa é a experiência de fazê-las, porque pintar é aprender a morrer, a aceitar e a amar: é uma celebração, mas também uma transformação e uma catarse. No fundo, é uma metamorfose imprevisível. Porque é que se quer saber tudo antes de se fazer?

CG Foi interessante ver o documento que me enviaste com as tuas ideias iniciais para a exposição, onde as pinturas tinham objectos inseridos, espetados nelas. No final só fizeste uma assim: *Notícia de Existência ou Pedido ou Recusa* com um braço a sair da tela e com a mão a segurar um envelope. Para mim era um convite para entrar na tua cabeça.

FC Sabes, há um bilhete dentro do envelope… Às vezes escrevemos notas para nós próprios. A exposição também se poderia ter chamado "Ângulo Morto". Esta pintura dá-me uma sensação de fracasso, de algo que não funciona… Um gesto de desistência ou mesmo de aceitação. Uma rendição escondida.

CG Na primeira parte da exposição, puseste as pinturas entre a verdadeira janela do espaço que dá vista para a parte superior dos edifícios da rua e a obra *Pausa*. A pintura *Véu* é como uma janela suja que se encontra entre as duas janelas. Voltamos a deparar-nos com a impossibilidade de ver por detrás do véu. Mesmo à entrada do espaço, instalaste uma escultura que é um extintor de incêndio. É um elemento que já usaste no passado, certo?

FC Sim, muito. Já usei muitos extintores no meu trabalho. Já pintei extintores e fiz várias esculturas a partir deste objecto. Até dei o título a uma das minhas primeiras pinturas, quando ainda estudava na faculdade, de *Extintor* (2016).

CG Um extintor é usado para acabar com um incêndio, mas tem um potencial de explosão. *Vínculo* é um extintor fundido em bronze com um nó na sua mangueira. Isto implica que não será capaz de funcionar.

FC Significa controlo. Ou aceitar o não controlo. Algo que está dentro de uma cápsula, que é mantida no lugar por pressão, até explodir no infinito. E depois vem sim a impossibilidade de apagar esse fogo. Torna-se impossível: o seu propósito e a impossibilidade do seu funcionamento tornam a escultura ambivalente.

CG Sim, mas houve um incêndio, diria… E também estou a pensar que a palavra "vínculo" significa uma ligação estreita e, neste caso, um extintor de incêndio existe com o objetivo de pará-lo.

FC Exatamente. O título desta escultura, *Vínculo*, vem precisamente da ideia de uma ligação com um tumor no meio: o nó da mangueira. A ligação está agora interrompida, ou perturbada. Sabes o que é que eu sinto? E estou a pensar nisto pela primeira vez, agora enquanto falamos… Entra-se no espaço e é tudo cinza. Bem, as cinzas são o resultado do fogo. Este dito fogo não está a acontecer. Aconteceu. *Vínculo* é também uma provocação. Há coisas que não podem ser evitadas. Só que… o resultado está lá e não precisa de ser corrigido. Nem tudo tem de ser reparado, podemos simplesmente olhar para as feridas. O que estamos a ver são feridas e elas também existem, e podem ser belas.

CG   A ambivalência de que falaste antes está tão presente neste trabalho com o fogo, a cinza, a água, a esfregona, a máquina de lavar, a resina na cama... torna a cama, sabes... liquefeita. Foi por isso que falaste do choro na pintura *Espelho*? Está tudo tão liquefeito ao mesmo tempo. É como se... A dualidade está em todo o lado.

FC   Sim. É por isso que funciona. Nós somos feitos das nossas contradições. Por vezes evitamo-las. Eu não quero evitar nenhuma das várias partes que me compõem. E é também isso que creio ser a prática artística. Porquê ter um significado se nem nós temos um?

CG   Fiquei muito intrigada com *Lavar o Entulho*, a escultura em bronze de uma esfregona de pé com uma botija de água quente e um pé.

FC   Tenho usado bastante esfregonas no trabalho. Não sei bem porquê. Poderia entrar no óbvio de Freud... o fálico, a mãe... Na verdade, não uso a esfregona tanto assim no meu dia a dia. Detesto limpar. Uma memória que ainda tenho é a da minha avó, que andava sempre com uma botija de água quente, e quando a enchia a água transbordava e queimava-lhe a mão, mas ela nunca se queixava.

CG   A mim lembrou-me uma botija de água quente ao fundo da cama e os pés sempre a tentar não lhe tocar, pela sua temperatura, mas mesmo assim acabamos por tocar-lhe.

FC   Como é que eu não reparei nisto? Sempre que o meu irmão, os meus primos e eu íamos dormir a casa da nossa avó, quando íamos para a cama, tínhamos sempre uma botija de água quente aos pés da cama, por baixo do cobertor. E agora estou a pensar... o pé, a botija de água quente, a cama vazia... está a lembrar-me a infância. Não tinha pensado nisso. Isto é ótimo.

CG   Há um elemento de perigo e de conforto neste trabalho.

FC   No alfabeto chinês, a palavra "crise" tem dois símbolos, que são perigo e oportunidade. Eu vejo oportunidade para expandir, oportunidade para polinizar, oportunidade para mudar.

CG   Bem, é a tua dualidade que é um trunfo. Gostas de brincar e de construir possibilidades. Usas a divisão do espaço para inventar um ambiente doméstico.

FC   Gosto muito desta ideia de construir algo que está do avesso. As obras da exposição remetem para a casa: máquina de lavar roupa, esfregona, cama, caixote do lixo, janela, toalha de banho, calças, camisa, faca, muleta... todos estes objectos aparecem, mas num espaço invertido, a janela está virada para fora. E o exterior torna-se interior. É como se eu estivesse a construir ou a preparar um palco, um cenário para uma peça cujo guião se perdeu. Estou a construir uma espécie de ambiente, como uma temperatura.

CG   A instalação tem o sentido de uma peça de teatro onde temos os diferentes adereços. Como uma situação cuidadosamente encenada em que sentimos que a ação está congelada. A palavra está suspensa, como se algo fosse acontecer, mas sem se saber o quê. Para mim, a partir do momento em que entro na

exposição, esta torna-se a minha peça de teatro. Já me disseste que não contas histórias, mas talvez cries um cenário para que outra pessoa comece uma.

FC Sim, só quero construir o palco e colocar lá os adereços. No fundo, queria embutir uma janela e inverter a ideia do que está a acontecer aqui. Mudar a variável. Estamos fora ou dentro? E isto é literalmente, por vezes muito direto… "Será que quero olhar para dentro?" O trabalho tem uma relação direta com a minha forma de estar. É como tentar perceber o mundo através de adereços. Como uma criança a brincar às bonecas. Tentar compreender o mundo sem nos apercebermos de que o estamos a fazer. E, por vezes, não se trata apenas de querer dizer coisas e querer que os outros as entendam. É mais uma questão de construir e colocar coisas no mundo, o que o torna mais plausível e concreto.

O trabalho consiste em relacionar-se com o mundo de uma forma contínua, sem nunca tentar explicá-lo. Isso seria inútil.

CG No espaço da mezzanine está "Fantasma", uma cama oca e coberta de resina de onde um corpo terá partido, sendo ainda visível a presença do seu volume.

FC Tenho-me debatido com esta ideia de vínculo… uma ligação conscientemente construída e não umbilical. Apesar de haver duas almofadas, é como se não houvesse ninguém a ocupar aquele espaço na cama para além do meu corpo. Uma das almofadas é para agarrar. A outra… para deitar a cabeça? Isso interessava-me muito quando estava a fazer a escultura. Criar espaço para mim. Talvez esse espaço vazio na cama seja apenas mais um sítio para ser ocupado, como um casulo. Não podia deixar de me afastar da ideia de que o espaço era um apartamento. Por vezes, é mais benéfico ter um ponto de partida. Não se trata de responder a nada ou a ninguém, trata-se de aceder aos meus desejos. Esse antigo apartamento é o cenário perfeito para esta exposição acontecer. Foi assim que me senti quando vi aquelas grandes janelas de ferro e a paisagem com os edifícios e as grandes árvores. Queria a relação entre a rua e o real, o genérico e o onírico. Trata-se de um exercício de colocar a realidade em tensão. E isso interessa-me muito. É isso que quero com o trabalho. Não quero ilustrar o mundo em que vivemos. Qual seria o objetivo? Quero sim construir possibilidades. Mostrar o inverso. O absurdo e aceder à vontade sem vislumbrar um objetivo é o que me faz continuar a fazer o trabalho. Estou a tentar construir um outro mundo. Não é isso que nós fazemos? Ou a construir um alfabeto que seja novo, mas universal. Baseado na ideia de arquétipo, mas que pode também ser uma fuga à realidade tal como a conhecemos.

CG Brincas novamente com a dualidade do espaço ao instalar as duas esculturas com o mesmo título, ½, na mesma parede mas a níveis diferentes — mezzanine e piso inferior. Na mezzanine expões as calças penduradas num ramo com botões junto à cama, como o possível amante que a vai ocupar. No piso inferior instalaste a camisa com uma faca no coração, como se estivesse a tentar aprisionar o coração de um fantasma.

FC Queria que estes dois elementos, ½, fossem ambos impregnados com resina epóxi. Já estava a planear fazer uma máquina de lavar roupa em bronze, por isso, fiz primeiro a camisa para ver como funcionaria ao lado desta minha *Máquina do Tempo*. Deixei-a secar e, no dia seguinte, quando cheguei ao atelier, fiquei espantado com a rigidez da peça, que ao mesmo tempo parecia tão húmida. Apercebi-me de que queria brincar com estas duas

metades, como o yin e o yang, algo que fosse complementar, formando uma unidade. Mergulhei as calças de ganga em resina epóxi e cinza para fazer parecer que tinham saído da terra, penduradas num ramo de árvore.

CG Disseste-me que é a primeira vez que fazes uma máquina de lavar roupa como objeto. Acho isso perturbador e engraçado, uma vez que é o mais útil dos electrodomésticos modernos, mas que normalmente está escondido numa casa.

FC Sim, é a primeira vez, mas há muito tempo que andava a pensar nesta peça, à espera do cenário certo para a expor. O Rialto6 foi o espaço certo para ela. Depois pensei que queria uma cabeça humana masculina lá dentro, porque não queria uma máquina de lavar vazia. Queria uma *Máquina do Tempo*, como uma representação de uma espécie de sarcófago. Tenho um enorme fascínio pelos corpos de Pompeia, que ficaram imobilizados no tempo.

CG Com os teus desenhos estás a explorar diferentes possibilidades.

FC Eu desenho imenso. É uma forma de pensar. No começo, cheguei a desenhar um balde de lixo com uma cabeça dentro. Mas depois decidi pôr a cabeça na máquina de lavar. Ou, por exemplo, as calças com o ramo de árvore estavam a sair de uma pintura, mas depois decidi pô-las na parede. É um processo para desbloquear pensamentos e pô-los em cima da mesa. Olhá-los e perceber qual é a versão mais aproximada do que quero. Faço muitos desenhos e gosto muito de os incluir nas publicações. É quase... É uma pista que acrescenta algo.

CG É o teu inconsciente, estás literalmente a fazer o download dos teus pensamentos e desejos para o papel.

FC Sim, são como desejos ocultos, coisas que quero dizer ou que tento compreender quando colocadas em tensão. Chamo-lhes os desenhos do luto, uma vez que coloco os pensamentos para estarem lá, para desaparecerem. Se eu materializar um pensamento, o espaço que ele ocupa dentro de mim vai ficar mais leve. Gostava de ter um balde de lixo como mesa de cabeceira para colocar os meus pensamentos todas as noites, para esvaziar a mente. Decidi fundir o balde de lixo em bronze e colocá-lo ao lado da cama... chama-se "Mesa de cabeceira", para que se possa vomitar pensamentos antes de ir dormir.

CG Os teus cadernos de desenhos são colagens dos teus pensamentos. Combinam constantemente diferentes elementos – mão, cabeça, pé, muleta, extintor, calças, esfregona, botija de água quente – indo e voltando, construindo a tua própria linguagem.

FC Como te disse há pouco, quero tentar construir um alfabeto que possa ser um escape, uma saída de emergência. Não os vejo apenas como desenhos, por vezes há uma nota, um texto inacabado ou ilegível, ou mesmo uma fotografia. Portanto, é um fluxo contínuo de comprovação de existência.

É uma constelação. Não tenho por hábito mostrar desenhos. Gosto de pensar neles pela relação directa que tenho com o desenho. Quase como algo fácil, rápido e descartável, mas que aqui passa a acrescentar uma nova camada à publicação, perturbando a leitura do livro.

(Apalpar para ter a certeza)

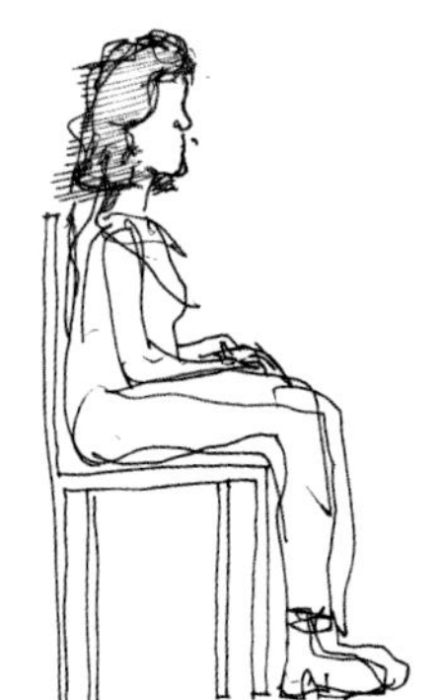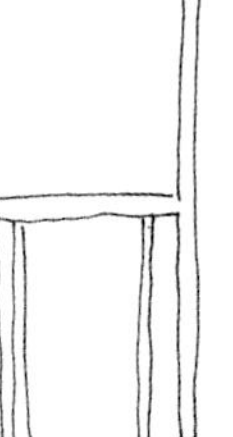

— Pompeii
— ?????? na fachada?
— Jamais!
— Botão para que serve?
— Para responder a ...

Outro is the title of the exhibition of Fernão Cruz at Rialto6, an installation where we are standing in undefined space. Not knowing if we are inside or outside. Cruz has worked with ash, covering the main walls of the space with this material, creating a decaying feeling, punctuated by the strong smell of dump ash.

Most of the paintings are ash based and one of them bears an arm. Its hand offers an envelope, and its title *Notice of Existence or Request or Refusal* is an invitation to step further into another space.

A psychological experience makes us all too aware of our discomfort in this space and perhaps in our own skin. Downstairs feels like a basement where there is a bronze washing machine that contains an ash head of a male that can be dissolved as soon as the washing machine is on. Nearby there is a shirt standing with a blade into the heart, making present the lost life, like a spirit tangling on the wall.

Carolina Grau (CG)   The first thing I noticed when I came into the exhibition space was the iron oxide and ash intervention on the wall. The smell of ash and oxide was very present, evoking memories of closed and dump spaces. In your sketch plan the painted wall is not present. When did you decide to paint it? At the last minute? Or is it something that suddenly became clear as you were in the process of installing?

Fernão Cruz (FC)   Suddenly it became very clear that I would do the intervention on the main wall to start off. I also wanted to encrust a window on this big wall and see how it would react. The window faces you when you enter the space. I've decided to paint, to spray the wall, as if a building, another building, was inserting and imposing itself into the exhibition space, which used to be a former apartment. I had this very clear idea that I was already building a cocoon.

CG   And it works. When I saw the window, I had the sensation of being in an in-between space. Not knowing if either I was in or out... The window piece, half open with the green towel hanging, as if someone has just left it there, recalls a frozen moment inside a space that is described in the title of this installation: "Pause". You find yourself expecting a hand appearing to take the towel. Why did you choose green for the towel? As most of the work is either grey or white in the exhibition.

FC   I brought several towels from home, both monochrome and striped. None were working until I remembered the bath towels from my mother's house. I brought one, which is the one on the window. It was an instinct.

CG   You know green can be related to the idea of hope and nature. It is like a prop that could overflow the space.

FC   I want to build a meta existence with my work, as I want to understand the world through it. So, when I was looking to the window piece when it was finished, I felt my body was paused. It's an ajar window with the blind half down with a towel on the windowsill. It was, in a way, an action that was in the middle of happening. Like on stage, the moment when you wait for the curtain to go up or open.

The difference is that this sculpture, this installation, is static. Nothing is going to change, only the light inside the window, which is scheduled to go on and off at random. Like a mistake, like a moment when something might be announced, but ends up being nothing. I feel this piece like a poem that was interrupted halfway through its reading. I don't know if someone will jump from there. I don't know if the towel will end up falling. I don't know if I want to jump in there and try to get into this black hole. But none of this matters, these speculations. It's a moment of breathing, of inhaling. This window is the show's metronome; it sets its speed for viewing.

FC   I can see why you say that. What would happen if I jumped inside a black hole? Maybe another reality would become the new one. Maybe nothing would happen; maybe a lot would happen. This is possibility: a peephole.

CG   In your last exhibition at Cristina Guerra Contemporary Art, you presented a sculpture – *Orphan* – made with ash. It was a cast of your own body, lying down, being eaten by pigeons. Everything was covered in ash. In *Outro*, you expanded the use of ash to the surface of paintings such as the location itself. I imagine painting with ash isn't easy, it's such a thin and light material... All four paintings convey movement.

FC   Every one of them, besides the one that has the arm – *Notice of Existence or Request or Refusal* – were made with a brush or a sponge and with the hands. *Mirror* was done only with the hands... It was calming, in a way.

CG   It's very performative, like a purifying ritual. You know, ash was among many cultures a sign of sorrow and repentance. In *Mirror* one can sense that you have been struggling to spread the ash onto the surface.

FC   It's a very difficult material to paint with. You're literally using burnt material, something inert. When you spread the ash mixed with glue, it's beautiful to see the separation of the materials, the water from the glue weeping through the ash. Funny you brought the word "possibility" just now, as you made me understand that I sometimes like to create impossibilities. This painting I titled *Mirror* has the impossibility of us seeing our reflection on it.

CG   This installation, "Pause", is very strong... It's the first work that you are confronted with, and it makes you completely aware of you being in a different place. It brings the idea of possibility.

CG   In these three paintings – *Mirror*, *Storm at the Table* and *Veil* – you have been experimenting with a new material, as well as in the process of producing them, having a cleansing relation to painting.

Sonho

poço encostado na
chão?

Luz

FC   For me, what matters is the experience of making the painting. Because painting is learning to die, to accept and to love. It's a celebration, but also a transformation and a catharsis. It's basically an unpredictable metamorphosis. Why one wants to know everything before being done?

CG   It was interesting to see the document you sent me with your initial thoughts for the exhibition, the paintings had objects inserted in them. At the end, you only did "Notice of Existence or Request or Refusal" with an arm coming out of the painting with the hand holding and envelope. For me it was an invitation to go inside your head.

FC   Yes, a lot. I have lot of fire extinguishers in my work. I painted many of them and also made several sculptures. I even titled one of my early paintings, back when I was in Uni, *Fire extinguisher* (2016).

CG   A fire extinguisher is used to stop a fire, but has the potential to explode. In *Bond*, you cast in bronze a fire extinguisher with a knot in the hose. This means that it will not be able to work safely.

FC   It means control. Or accepting non-control. Something that is inside a capsule that is held in place by pressure, until it explodes into infinity. And then the impossibility of putting it out. You can't put the fire out. The functioning of the object and the impossibility of its functioning makes this sculpture ambivalent.

CG   Yes, but there has been a fire… And I'm also thinking that the word "bond" means a close connection and in this case a fire extinguisher exists for the purpose of stopping a fire.

FC   You know, there's a note inside the envelope… Sometimes we write notes to ourselves. Perhaps the exhibition could also have been called "Blind Spot". This painting gives me a sense of failure, of something not working… A gesture of giving up or even acceptance. A hidden surrender.

CG   In the first part of the exhibition you have located the paintings between the real window of the space, which gives a view onto the upper part of the buildings on the other side of the street, and the work *Pause*. The painting *Veil* is like a dirty window standing between the two windows. We are back again with the impossibility of seeing behind the veil. At the entrance of the space you placed the sculpture of a fire extinguisher. It's an element that you have used in the past, no?

FC   Exactly. The title of the work, *Bond*, comes precisely from the idea of a connection with a tumor in the middle, which is the knot in the hose. The bond is now interrupted, or disturbed. You know, I feel that… And I'm thinking about this for the first time as we speak… You enter the space and it's all ash. Well, ashes are the result of fire. This fire isn't happening. It happened. *Bond* is also a provocation. There are things that can't be avoided. It's just… the result is there and doesn't need to be fixed. Not everything has to be repaired, you can just look at the wounds. What you're seeing are wounds and they also exist. In fact, they can be beautiful.

CG   The ambivalence that you talked about before is so present in this work, with fire, ash, water, the mop, the washing machine, the resin in the bed… it makes the bed, you know… liquified. That's why you brought up the weeping in the *Mirror* painting, right? Everything is so liquified at the same time. It's like… The duality is everywhere in this show.

FC   Yes. And I think that's why it works. We're built of our contradictions. Sometimes we avoid them. I don't want to avoid any of the various parts that compose me. And this is also what I believe artistic practice is all about. Why have a meaning if we don't even have one?

CG   I was very intrigued and amused by *Washing Away Debris*, the bronze sculpture of a standing mop with a hot water bottle and a foot. What's about it?

FC   The thing is that I've been using the mop a lot. I just don't know why. I could go into Freud's obvious… the phallic, the mother… In truth, I don't use the mop in my day-to-day life. I hate cleaning. One memory I still have is of my grandmother always carrying a hot water bottle, and when she filled it, the water would overflow and burn her hand, but she never complained.

CG   To me it brought the memories of the hot water bottle at the end of the bed and your feet always trying not to touch it, just because for a while it's too hot, but you always end up touching it.

FC   Funny. How didn't I notice this? Whenever me, my brother and our cousins went to our grandma's, when we went to bed, all of us had a hot water bottle at the foot of the bed, inside of the blanket. And now I'm thinking: the foot, the hot water bottle, the empty bed… It's bringing up childhood memories.

I didn't think of it. This is great.

CG   There is an element of danger and comfort in this work.

FC   In the Chinese alphabet the word "crisis" has two symbols: danger and opportunity. I see opportunity to expand, opportunity to pollinate, opportunity to change.

CG   Well, it's your duality, that's an asset. You like to play and construct possibilities. You use the division of the space to play a domestic environment.

FC   I really enjoy this idea of building something that is backwards. The works in the exhibition refer to the house: washing machine, mop, bed, garbage can, window, bath towel, pants, shirt, knife, crutch… all these objects appear, but in an inverted space, the window faces outwards. And the outside becomes inside. It's as if I was building or preparing a stage, a set for a play whose script has been lost. I'm building a kind of environment, like a temperature.

CG   The installation has a sense of a theatre play where we have the different props. As a very carefully staged situation where we feel the action is frozen. The word is suspended, like something is going to happen, but you don't know what. For me the moment I step on the exhibition, it becomes my theatre play. You have told me than you don't tell stories but perhaps you create the setting for someone else to start one.

FC   Yes, I just want to build the stage and put the props there. Basically, I wanted to embed a window and invert the idea of what's happening here. To change the variable: are we outside or inside? And this is literally, sometimes very direct… "Do I want to look inside?" The work has a direct relationship with our way of being. It's like trying to perceive the world through props. Like a child playing with dolls. Trying to understand the world without realizing it. And sometimes it's not just about wanting to say things and wanting others to understand. It's more a matter of constructing and placing things in the world, which makes it more plausible and tangible. The work consists of relating to the world in a continuous way, not trying to explain something. That would be pointless.

CG   In the mezzanine space we have *Phantom*, a hollow bed covered in resin from where a body has departed, but where the presence of the volume is still visible.

FC   I've been struggling with this idea of connection… a connection that's built and isn't umbilical. It's as if there's no one occupying that space on the bed apart from me, even though there are two pillows. One is for holding on to. The other, is it to put your head on? I was very interested in this when I was making the sculpture. Making room for yourself. Maybe that empty space on the bed is just another place to be occupied, like a cocoon. I couldn't help but get away from the idea that the space was an apartment. Sometimes having food for thought is more beneficial. It's not about answering to anything or anyone, it's about accessing your desires. That old apartment is the perfect setting for this exhibition. That's how I felt when I saw those big iron windows and the landscape with the buildings and the big trees. I wanted the relationship between the street and the real and the general and the dreamlike. It's an exercise in putting reality in tension. And that interests me a lot. That's what I want to do with the work. I don't want to illustrate the world we live in. What's the point? I want to build possibilities. To show it in reverse. The absurdity and the adherence to will without knowing the goal is what keeps me doing the work. I'm trying to build another world, isn't that what we do? Or to build an alphabet that is new but universal. Based on the idea of the archetype, but which can also be an escape from reality as we know it.

CG   You play again with the duality of the space by installing those two sculptures with the same title, ½, on the same wall but at a different level — the mezzanine and the basement. On the mezzanine you display the trousers hanging from a branch with buds next to the bed, like the possible lover who will occupy the bed. At the down floor you installed the shirt with a knife into the heart, like trying to trap the heart of a ghost.

FC   I wanted these two elements of ½ to be dipped in epoxy resin, both of them. I was already planning on doing a bronze cast of a washing machine and so I did the shirt first to see how it would work next to this *Time Machine* of mine. I let it dry and the next day when I arrived at the studio I was amazed how rigid it was, but at the same time it seemed so wet. I realized I wanted to play with these two halves, like yin and yang, something that,

while complementary, still formed a whole. I soaked the jeans in epoxy resin and ash to make them seem like coming out of the dirt, hanging from a tree branch.

CG You told me that this is the first time you have crafted a washing machine as an object. I find it disturbing and funny, as it is the most useful of the modern-day home appliances but it is normally hidden in a household.

FC Yes, it's a first, but I've been thinking about this piece for a long time, waiting for the right setting to exhibit. Rialto6 was the right space for it. Then I thought I wanted a human male head inside, because I didn't want an empty washing machine. I wanted a *Time Machine*, as a representation of a kind of sarcophagus. I feel completely fascinated by the bodies of Pompeii, frozen in time.

CG With your drawings you are exploring different possibilities.

FC I draw a lot. It's a way of thinking. At first, I drew a garbage bucket with a head in it. But then I decided to put the head in the washing machine. Or, for example, the pants with the tree branch were coming out of a painting, but then I decided to put them on the wall. It's a process of unblocking thoughts and putting them on the table. Looking at them and realizing which version is closest to what I want. I do a lot of drawings and I really enjoy including them in my publications. It's almost... It's a clue that adds something.

CG It's your unconscious, you are truly downloading your thoughts and desires onto the paper.

FC Yes, they're like hidden desires, things I want to say or try to understand when put into tension. I call them the drawings of mourning, because

I put the thoughts there to disappear. If I materialize a thought, the space it occupies inside me becomes lighter. I'd like to have a bucket of garbage as a bedside table to put my thoughts in every night, to empty my mind. I decided to cast the bucket of garbage in bronze and place it next to the bed... It's called a *Bedside Table*, so that one can vomit thoughts before going to sleep.

CG Your sketch books are collages of your thoughts. You are always combining different elements — hand, head, foot, crutch, fire extinguisher, trousers, mop, hot water bottle — going back and forth, building your own language.

FC As I told you earlier, I want to try to build an alphabet that can be an escape, an emergency exit. I don't just see them as drawings, sometimes there's a note, an unfinished or illegible text, or even a photograph. So it's a continuous flow of proof of existence. It's a constellation.

I'm not in the habit of showing drawings. I like to think of them due to the direct relationship I have with drawing. Almost like something easy, quick and disposable, but which here adds a new layer to the publication, disrupting the reading of the book.

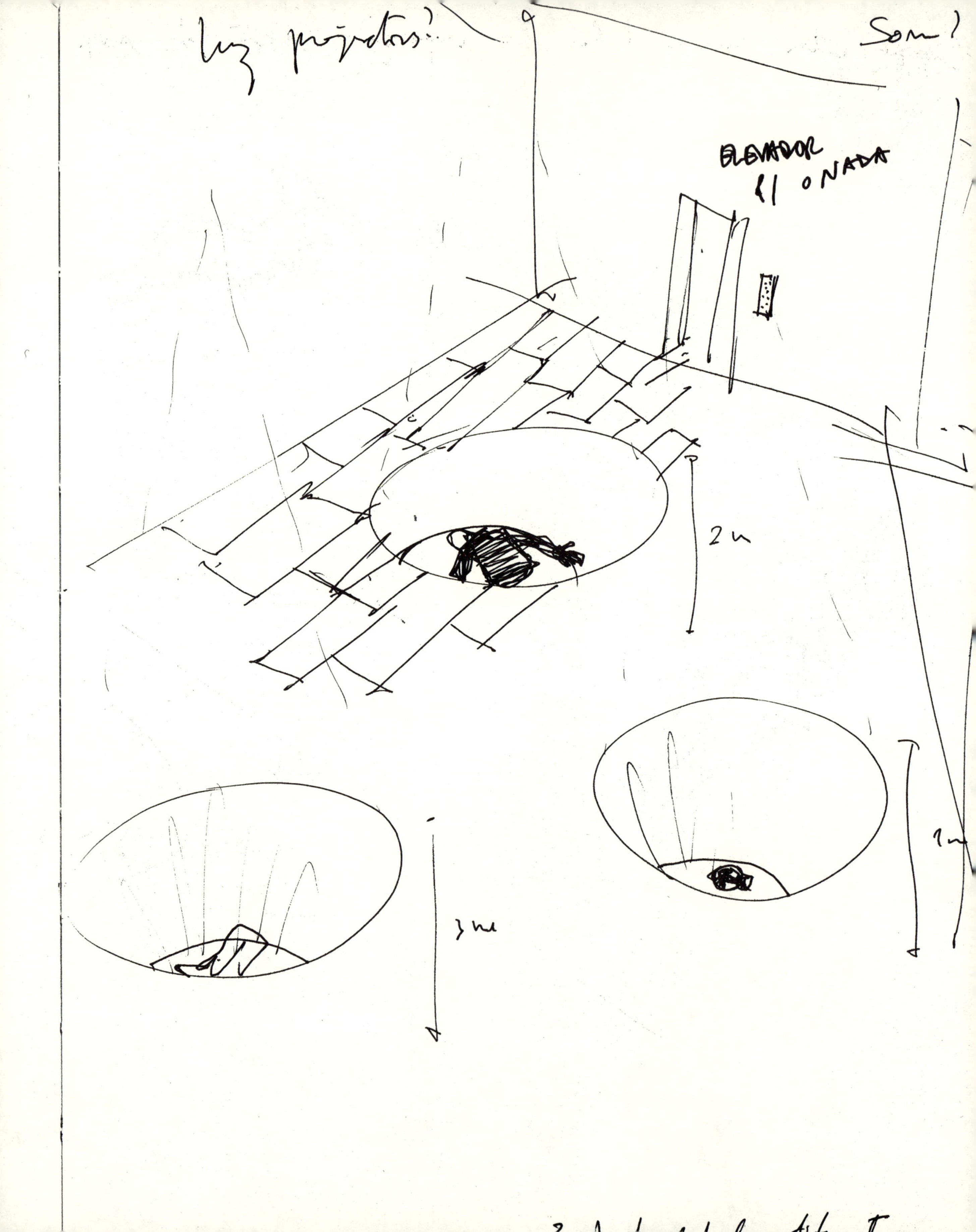

luz projectors?
Som?
ELEVADOR ?I o NADA
2u
3m
2m

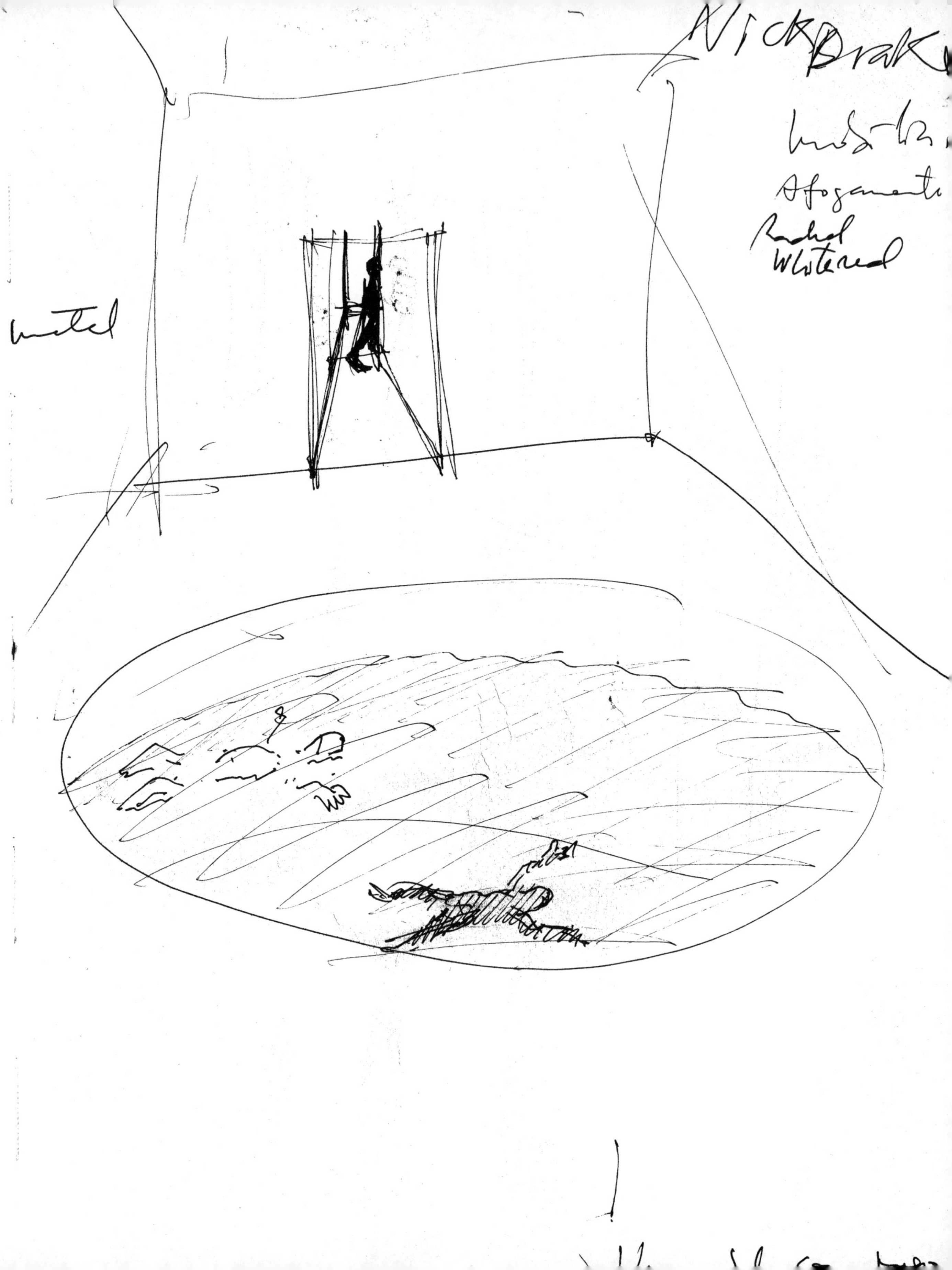

Nick Drake

Afogamento

Rachel Whiteread

untitled

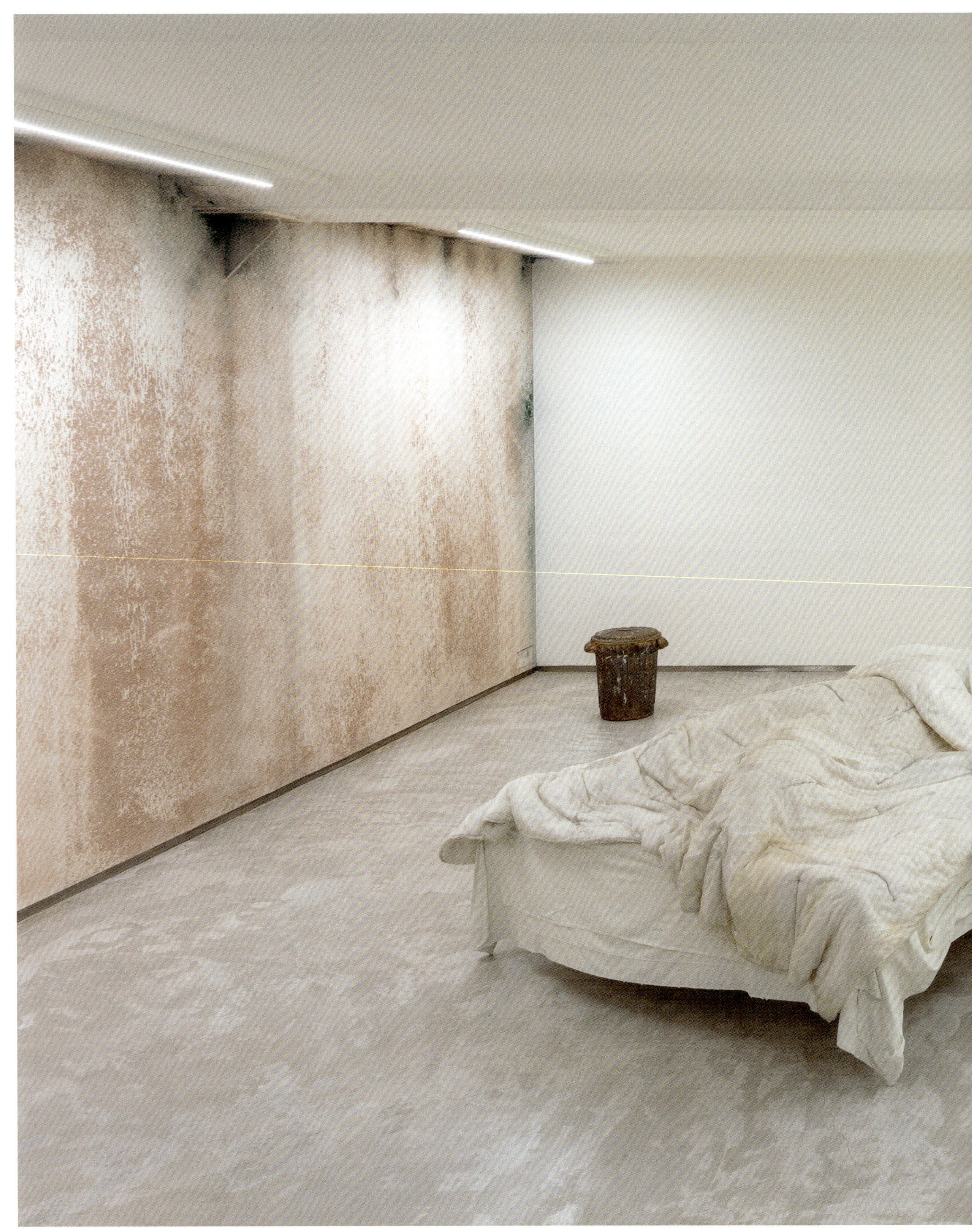

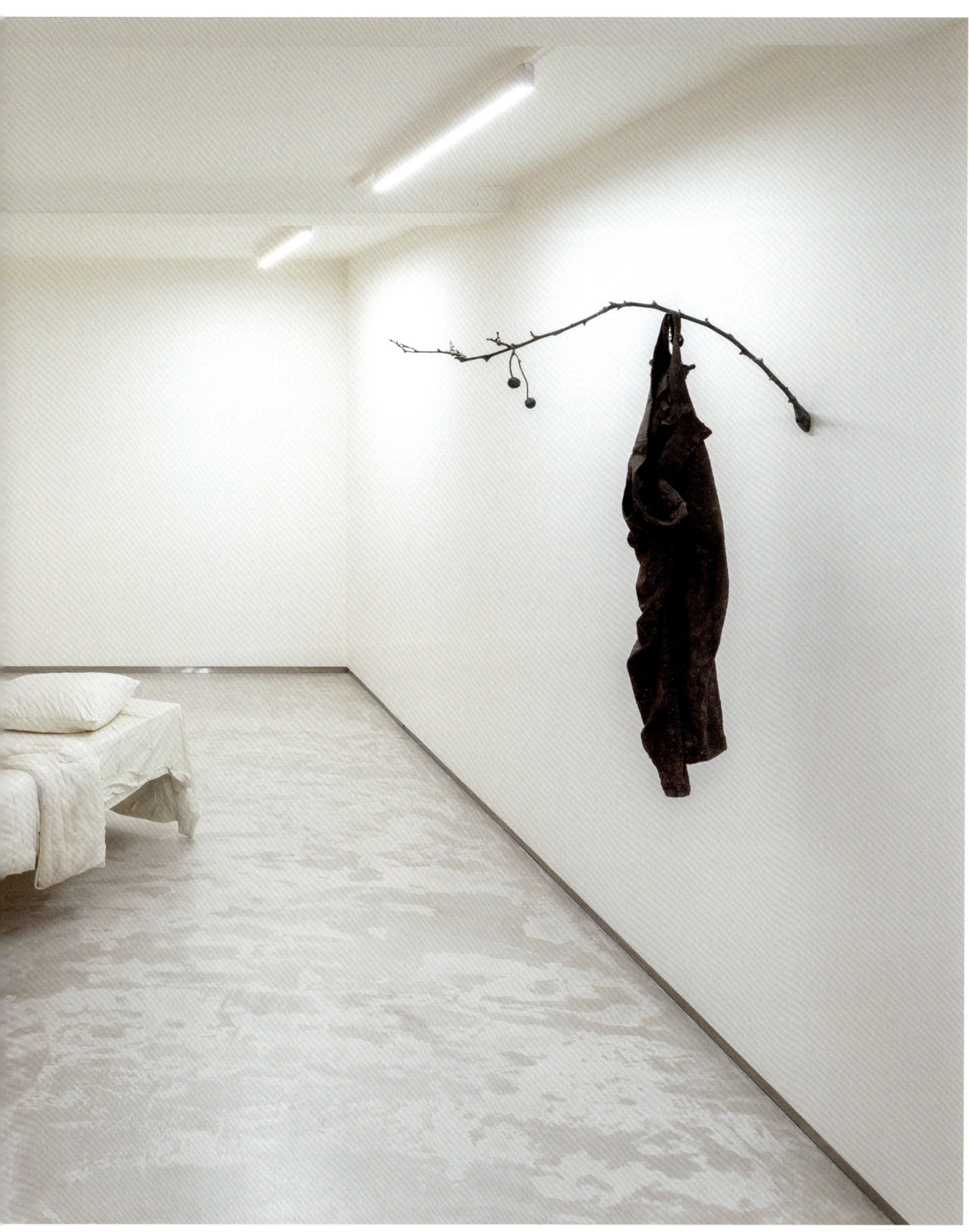

½, 2024
**Par de calças embebidas em resina epoxy
e cinza, bronze
110 × 91 × 43 cm**

½, 2024
**Pair of pants soaked in epoxy resin
and ash, bronze
110 × 91 × 43 cm**

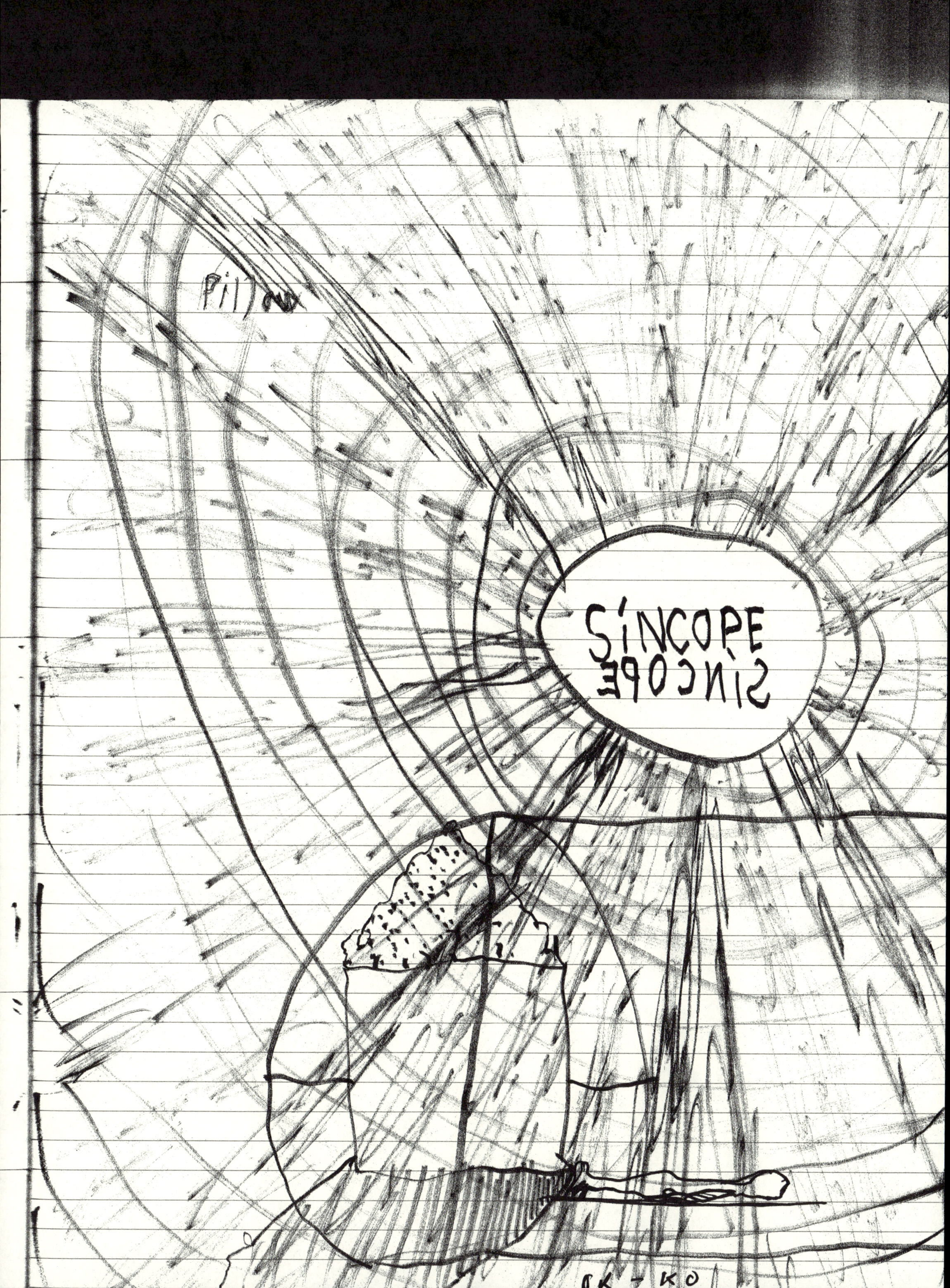

Pillon
SINCOPE
SINCOPE

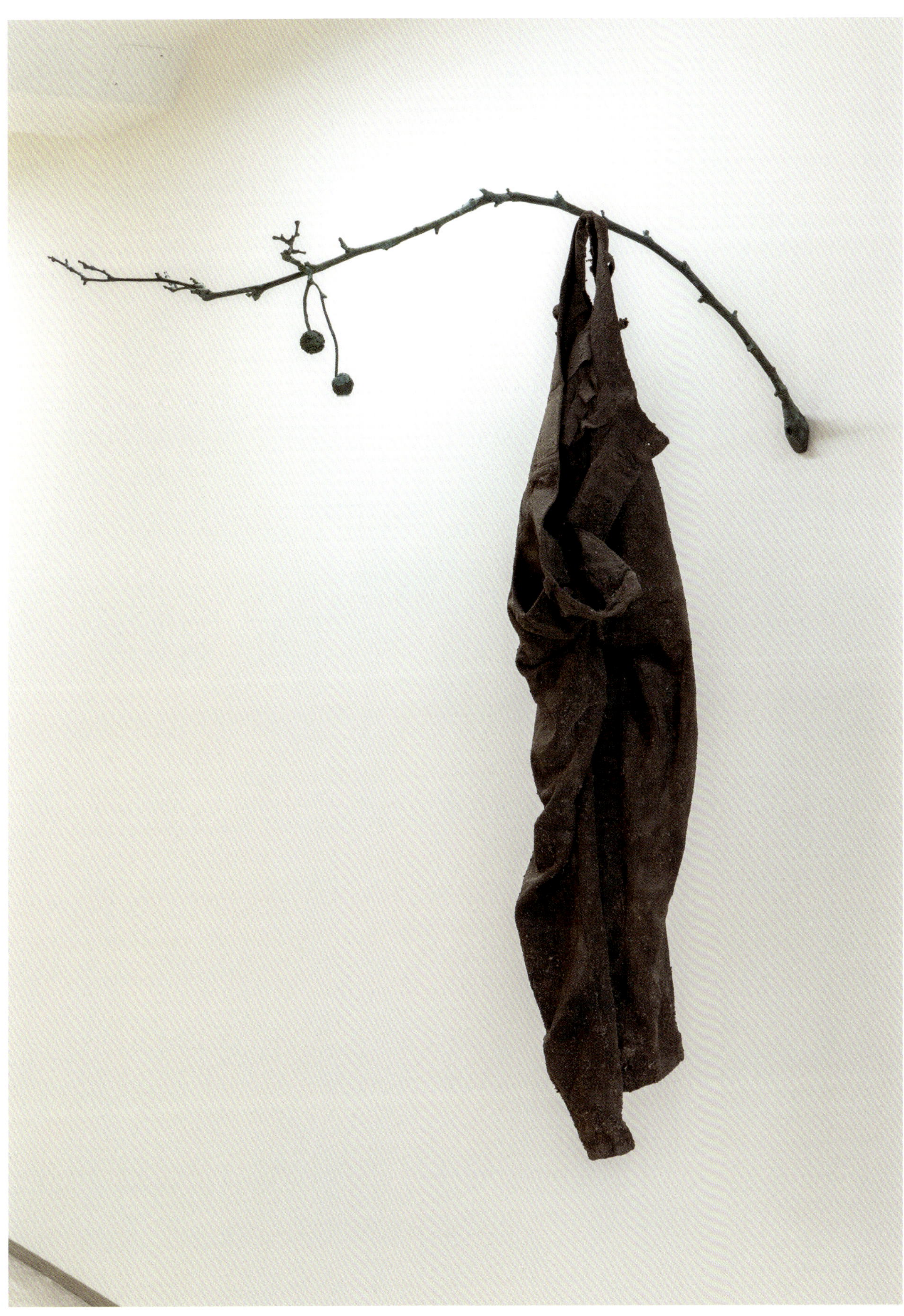

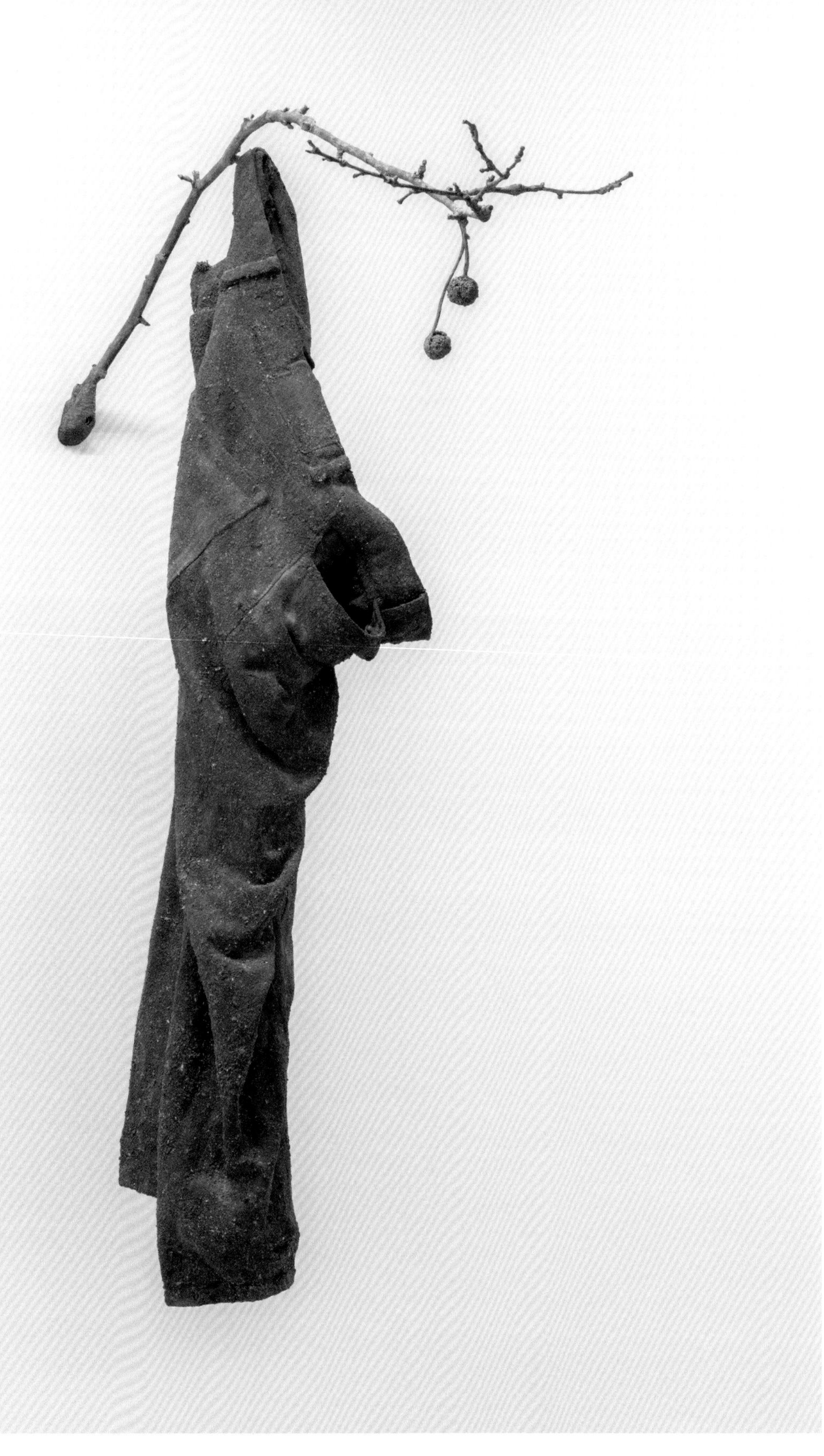

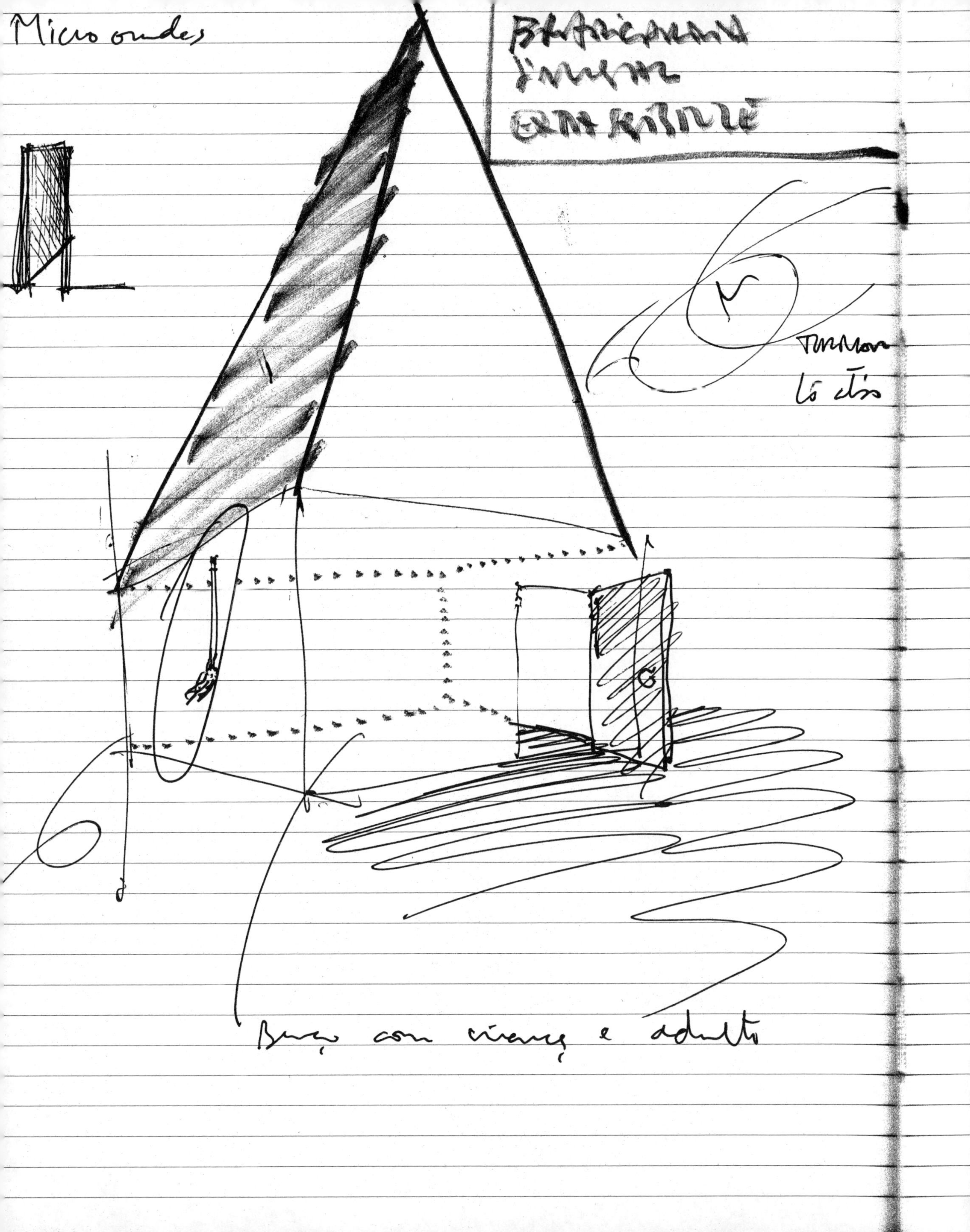

Micro ondes
Bênço com crianças e adultos

tanjes a dimensió mínima
p/ o treballs   *Rompre el portes*
l'integra   *cosxpe*
Tund
vestida

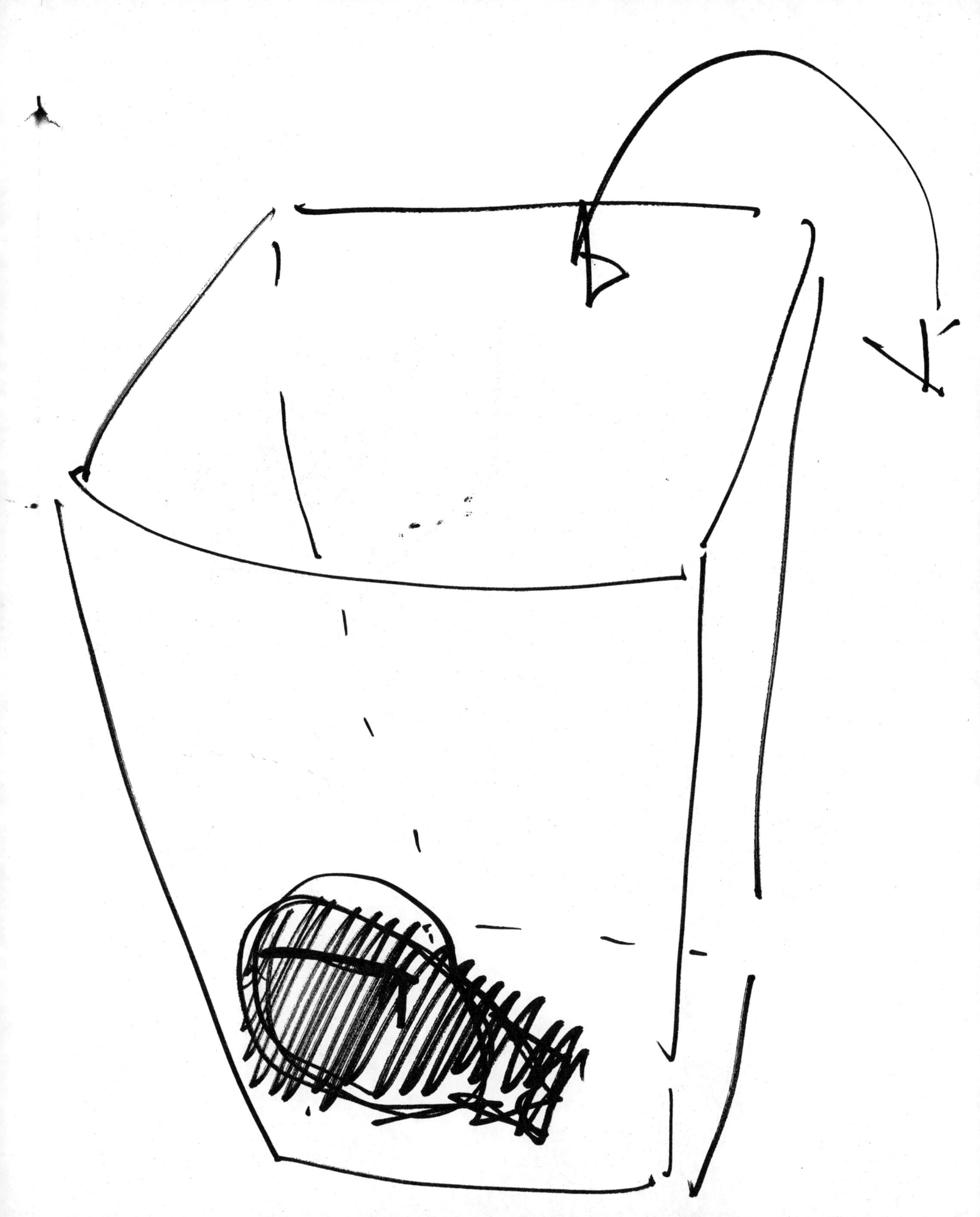

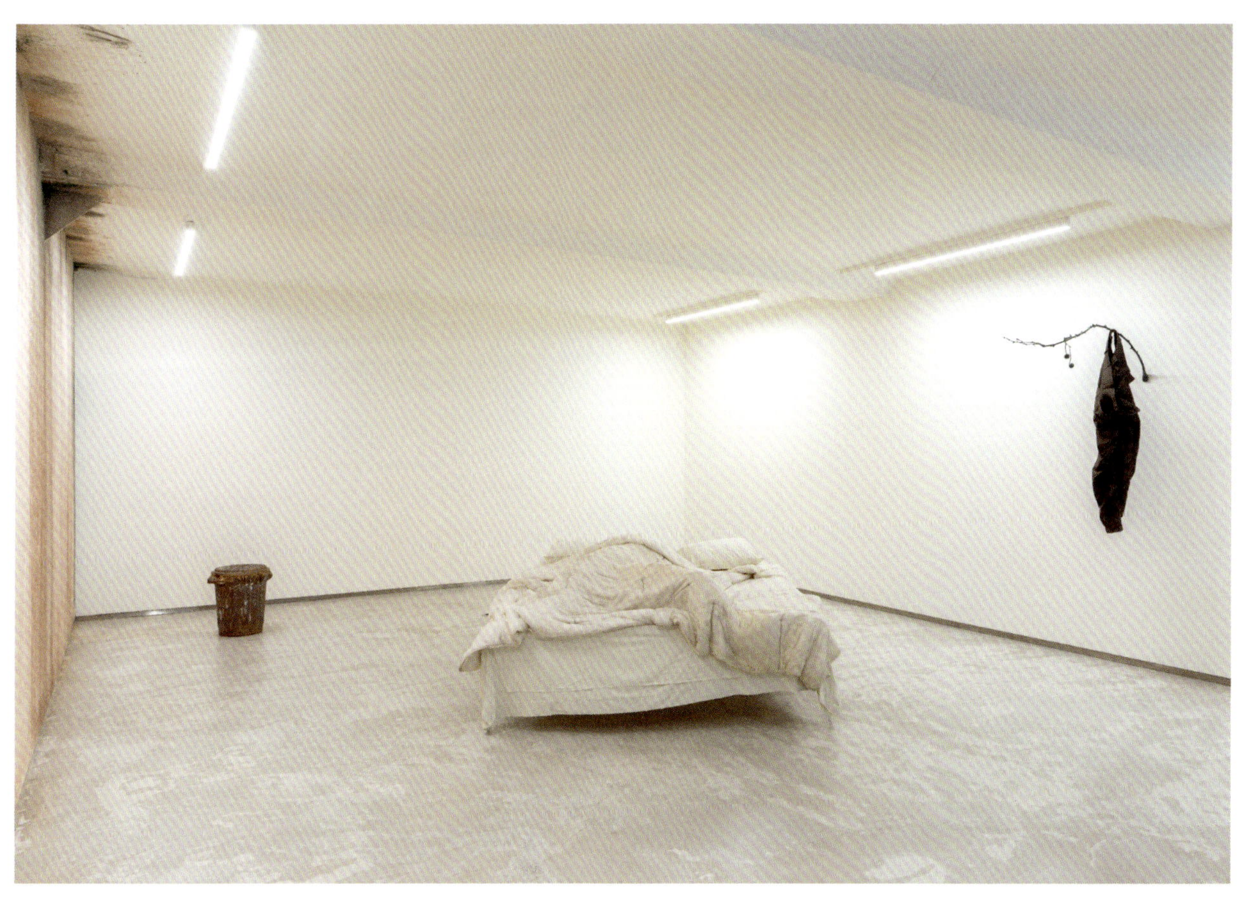

Fantasma, 2024
Madeira, roupa de cama embebida
em resina epoxy, fibra de vidro,
tinta acrílica, papel
80 × 170 × 230 cm

Phantom, 2024
Wood, bed linen soaked in epoxy resin,
fiberglass, acylic paint, paper
80 × 170 × 230 cm

Fantasma, 2024
Madeira, roupa de cama embebida
em resina epoxy, fibra de vidro,
tinta acrílica, papel
80 × 170 × 230 cm

Phantom, 2024
Wood, bed linen soaked in epoxy resin,
fiberglass, acylic paint, paper
80 × 170 × 230 cm

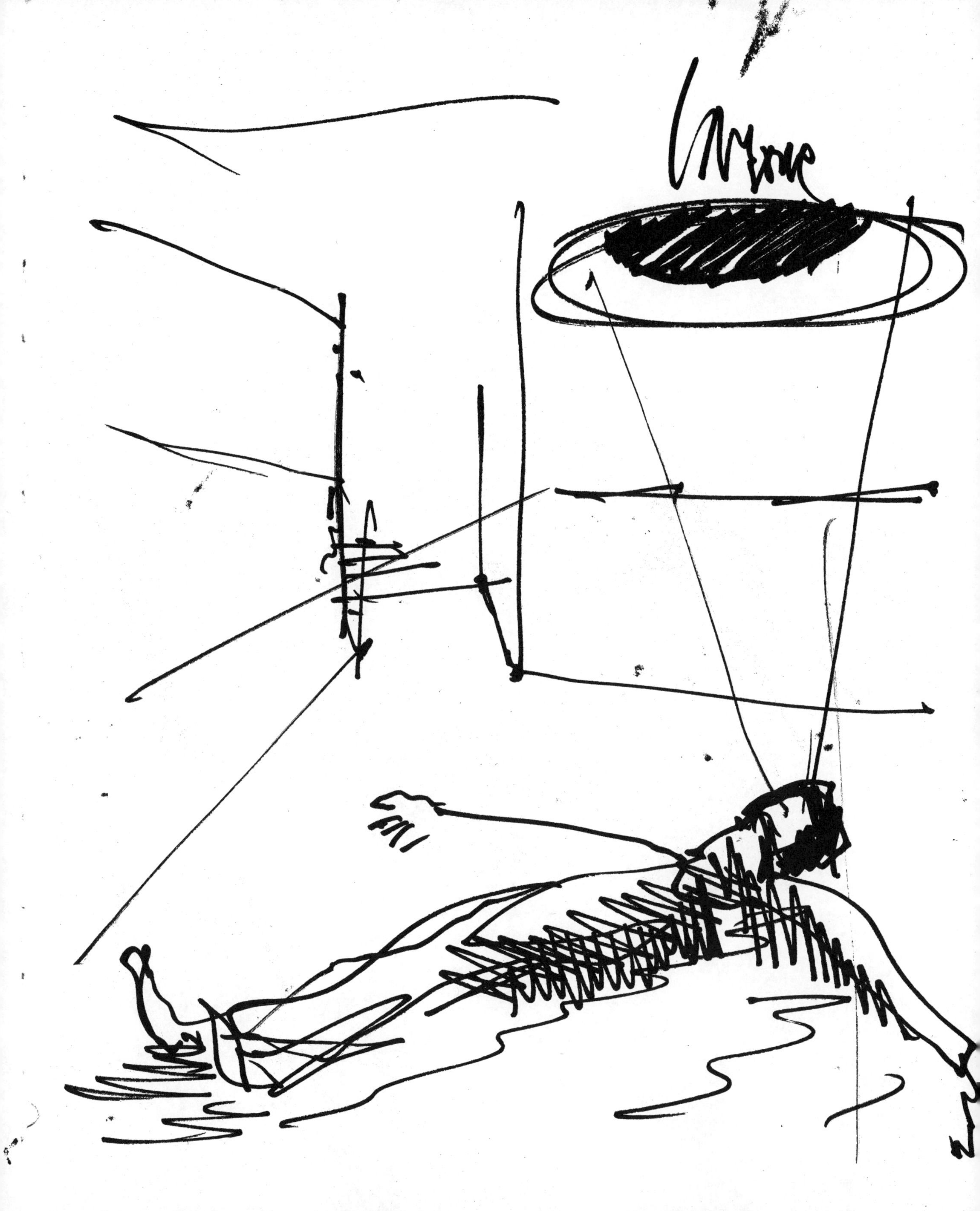

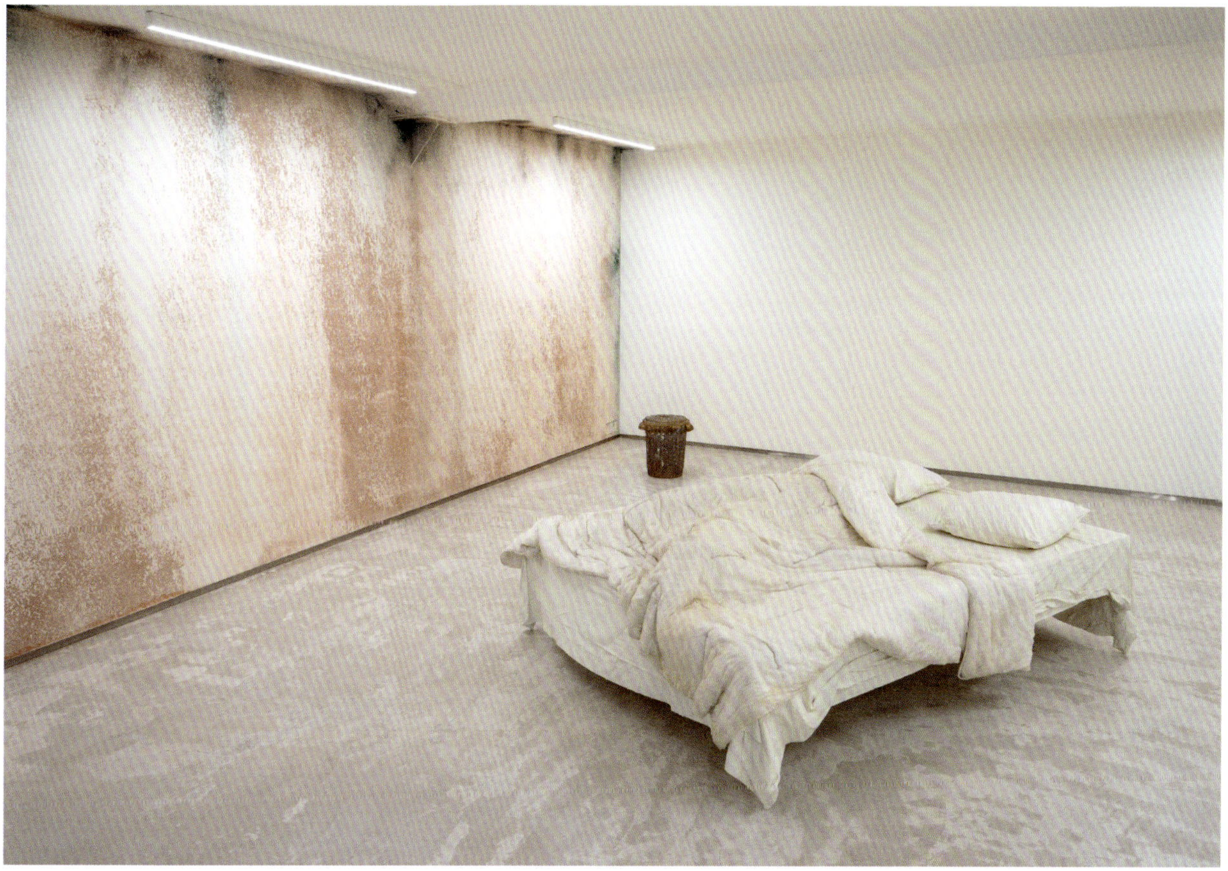

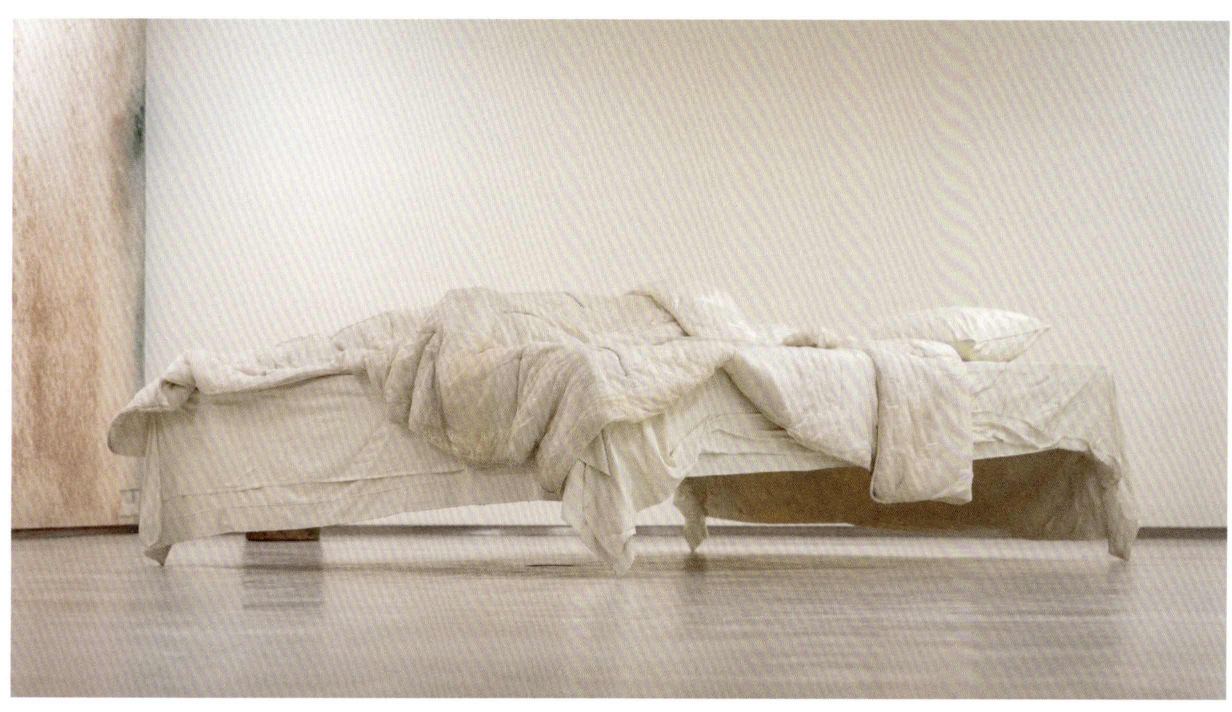

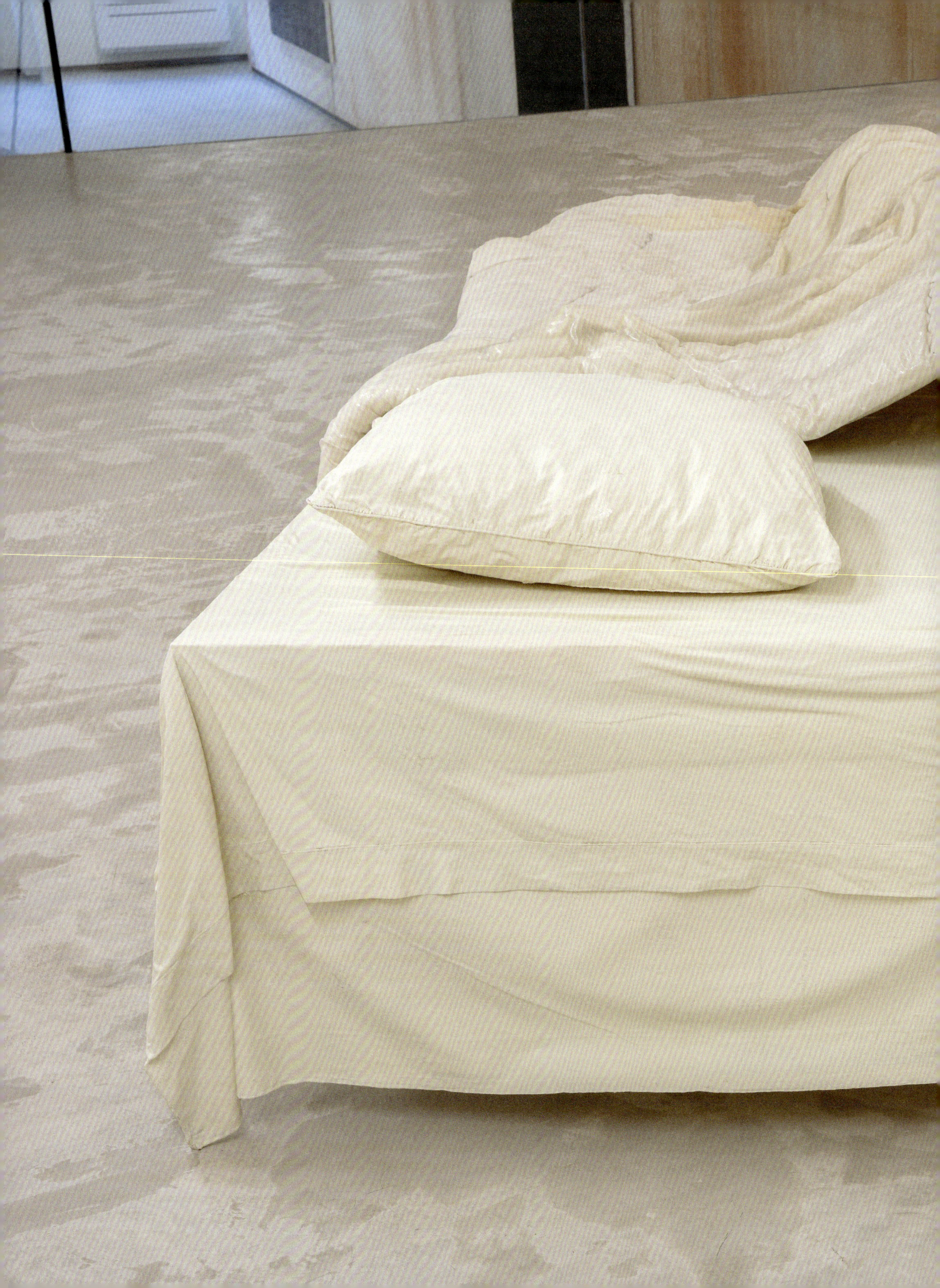

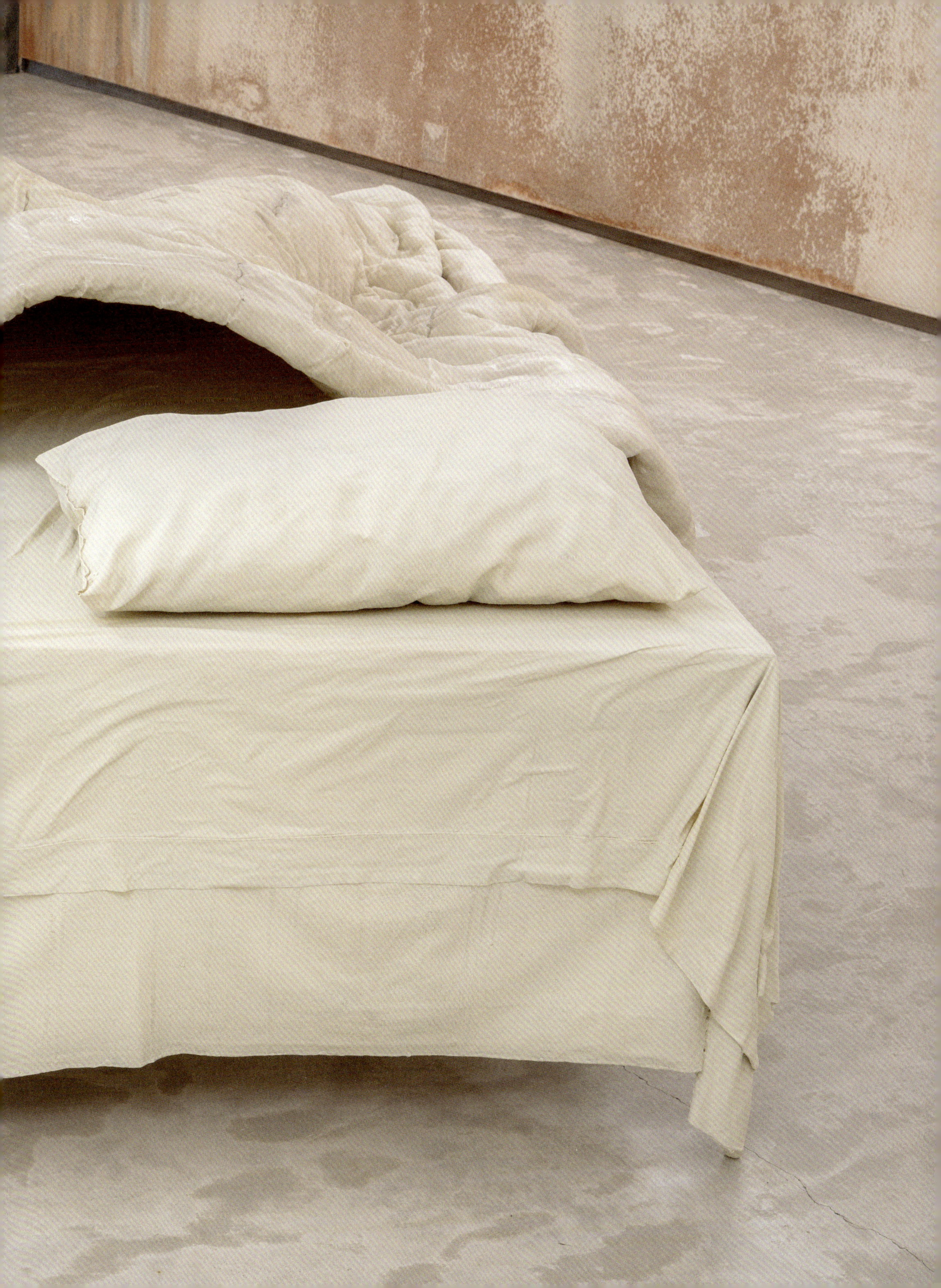

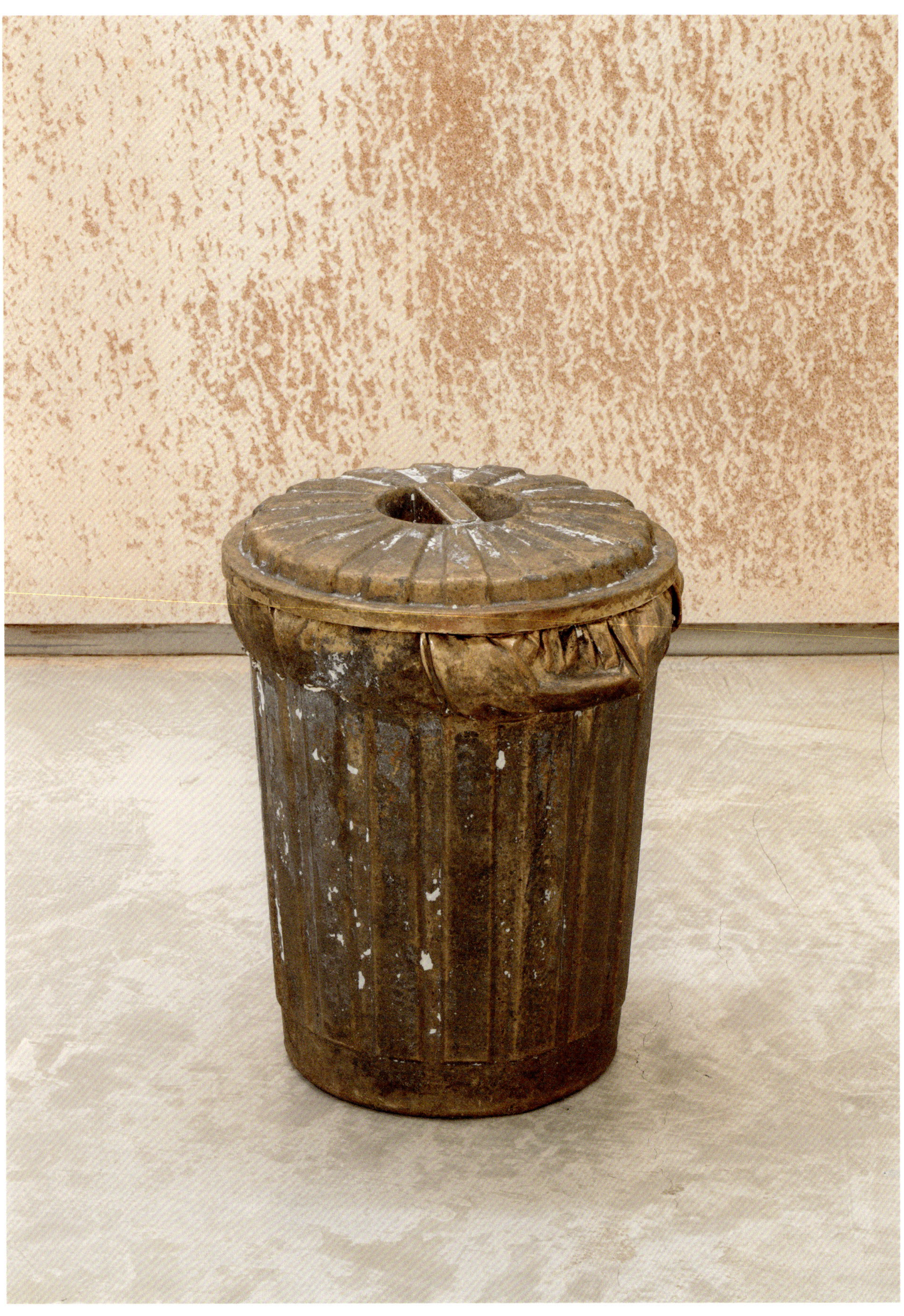

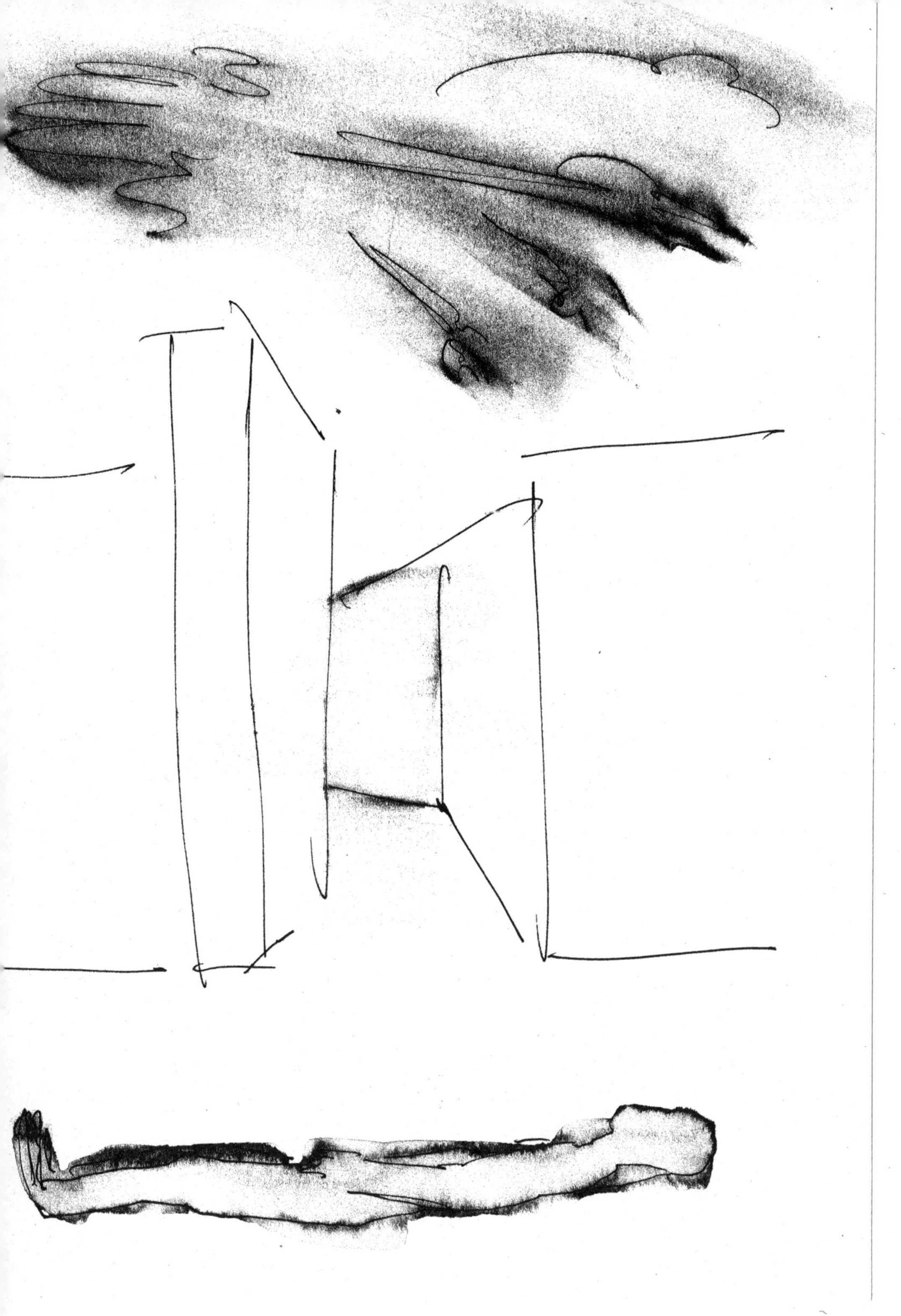

Mesa de Cabeceira, 2024
Bronze
46 × 41 × 34 cm

Bedside Table, 2024
Bronze
46 × 41 × 34 cm

Estruturas de sentimento no trabalho de Fernão Cruz: o amor está no coração ou na cabeça?

Structures of feeling in the work of Fernão Cruz: is love in the heart or in the head?

Mariana Lemos

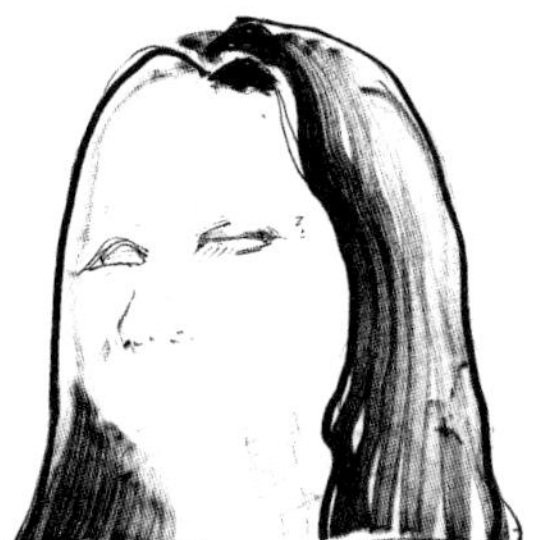

Hydra

Ocupação.

failed
litúrgico
vs.
Excalibur
contemporâneo

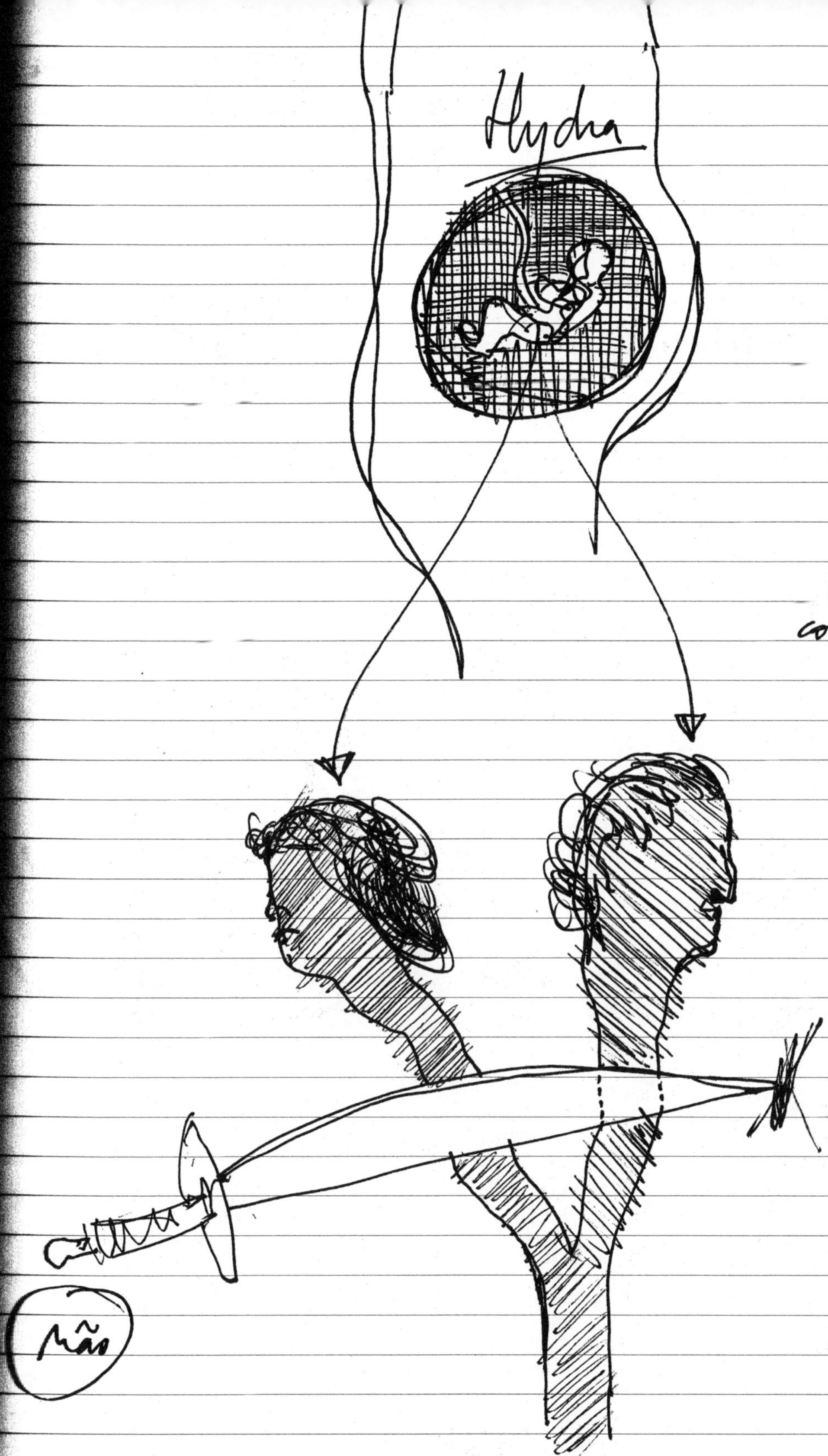

Mão

Machine (roots)

Um nó na garganta é um sentimento que
não se consegue engolir, um instinto que
se recusa a ser extinto. *Vínculo* (2024), de
Fernão Cruz, é um extintor de incêndio em
bronze com a boca atada. Inútil, um objeto
cujo propósito foi deliberadamente subver-
tido, assim simboliza a fragilidade dos laços
humanos – esses laços, familiares ou român-
ticos, que insistimos em chamar de amor.
Mas estas ligações, destinadas a sustentar-nos,
muitas vezes amarram-nos de formas que
torcem e apertam, deixando-nos à mercê
da nossa própria vulnerabilidade. Podem
apunhalar-nos no coração, fazer-nos perder
a cabeça e deixar-nos vazios. O amor, disse
celebremente Lacan, é um exercício de fracasso, eternamente entrelaçado com o nosso
sentido intrínseco de falta, as falhas de co-
municação da linguagem e a busca incessante
de desejos que permanecem fora do alcance.[1]

Este desconforto é o terreno da prática
artística de Cruz, marcada pela sua natureza
prolífica e eclética. O seu trabalho abrange
várias técnicas, como pintura, escultura,
desenho e bordado, utilizando diversos
materiais, como tinta a óleo, bronze, cinzas
e resina, para explorar múltiplos géneros,
desde o abstrato ao figurativo e conceptual.
Cruz aborda um impulso criativo que lida com
a dificuldade, o fracasso e até a destruição.
Quebrar para criar de novo não é apenas
um método, mas uma filosofia, uma forma
de confrontar o próprio ato de criação –
seja do objeto artístico, do eu ou do outro.
No contexto da exposição *Outro* de Cruz, na
Rialto6, o seu interesse reside no que a escri-
tora Daisy Lafarge descreveu como "o amor
como uma força que pode tanto criar como
desfazer a experiência do eu".[2]

Eros, o Deus que representa o impulso
instintivo da vida, vem-me à cabeça. Tanto
na mitologia clássica como nos quadros
psicanalíticos de Freud e Lacan, Eros não
é apenas a força que nos impulsiona para
a vida e a conexão com os outros, mas também

A knot in the throat is a feeling that won't
go down, an instinct that refuses to be
extinguished. *Bond* (2024) by Fernão Cruz,
is a bronze sculpture of a fire extinguisher
knotted at the mouth. It stands defunct, an
object whose purpose has been deliberately
undermined, mirroring the fragility of human
bonds – those ties, whether familial or ro-
mantic, that we insist on calling love. These
connections, meant to sustain us, often bind
us in ways that twist and constrict, leaving
us exposed to the sharp edge of our own vul-
nerability. They can stab us in the heart, make
us lose our heads, and leave us empty. Love,
as Lacan famously defined, is an exercise in
failure, forever entwined with our intrinsic
sense of lack, the miscommunications of language, and the unrelenting pursuit of desires
that remain just out of reach.[1]

This disquiet is the terrain of Cruz's
artistic practice, one marked by its prolific
and eclectic nature. His work spans various
techniques such as painting, sculpting, drawing and embroidering, using diverse medi-
ums like oil paint, bronze, ash and resin, to
explore many genres from the abstract to the
figurative and the conceptual. He speaks to
a creative impulse that engages with difficulty,
failure and even destruction. To break in
order to create anew is not just a method but
a philosophy, a way of confronting the very
act of creation – whether of the art object,
the self, or the other. In the context of Cruz's
exhibition *Outro* at Rialto6, his interest lies in
what writer Daisy Lafarge described as "love
as a force which can both make and unmake
the experience of self".[2]

Eros, the God who has come to repre-
sent life's instinctual drive, comes to mind.
In both classical mythology and the psycho-
analytic frameworks of Freud and Lacan,
Eros is not merely the force that propels us
towards life and connection, but also the
source of unquenchable desire – a desire that
refuses to be satisfied, often spilling over

a fonte de um desejo insaciável – um desejo que se recusa a ser satisfeito, muitas vezes a transbordar em frustração e destruição. O extintor de incêndio atado, um objeto projetado para suprimir, torna-se uma poderosa metáfora da futilidade de tentar extinguir esses fogos interiores.

A teórica Heather Love, nas suas reflexões sobre a perda e a impossibilidade, sugere que "alguns amores falham mais do que outros".[3] Love baseia-se na narrativa histórica que há muito associou o desejo entre pessoas do mesmo sexo ao fracasso, retratando-o como algo inatingível, perpetuamente marcado pelo sentimento de perda. No entanto, Love sugere que há algo a aprender com este fracasso – algo que, quando visto através de uma lente queer, oferece uma forma de conectar-se com a história que reconhece a dor sem ceder à mesma. Jack Halberstam, também, em *The Queer Art of Failure*, vê o fracasso como um espaço generativo, muito semelhante a Eros.[4] Nesta perspetiva, o fracasso não é simplesmente uma falta, mas uma força subversiva, que perturba as narrativas culturais de sucesso que tão frequentemente servem para marginalizar. Fracasso, neste sentido, é abrir modos alternativos de existência que resistem à vida convencional.

O trabalho de Cruz capta uma estrutura de sentimento que disseca afetos negativos muitas vezes não expressos, mas profundamente sentidos – não como derrotas, mas como forças poderosas e geradoras que moldam as nossas experiências e identidades. *Outro* refere-se a este espaço de relação com o outro. Num mundo construído sobre binários – corpo versus mente, cabeça versus coração, eu versus outro – o que muitas vezes ignoramos é como estas divisões, em vez das identidades que tentam definir, são o que verdadeiramente nos molda. Quem me define se não o outro?

Coração

As esculturas e instalações apresentadas em *Outro* parecem, à primeira vista, objetos do

into frustration and destruction. The knotted fire extinguisher, an object designed to suppress, becomes a potent metaphor for the futility of attempting to quell these inner fires.

Theorist Heather Love, in her reflections on loss and impossibility, suggests that "some loves are more failed than others". She draws on the historical narrative that has long associated same-sex desire with failure, casting it as something unattainable, perpetually marked by loss.[3] Yet, she suggests, there is something to be gleaned from this failure – something that, when viewed through a queer lens, offers a way of connecting with history that acknowledges pain without capitulating to it. Jack Halberstam, too, in *The Queer Art of Failure*, sees failure as a space of generative potential, much like Eros.[4] In this view, failure is not simply a lack but a subversive force, one that disrupts the cultural narratives of success that so often serve to marginalise. To fail, in this sense, is to open up alternative modes of existence, ones that resist the easy resolutions of conventional life.

Cruz's work taps into a kind of structure of feeling, dissecting negative feelings often unspoken but deeply felt – not as defeats, but as powerful, generative forces that shape our experiences and identities. *Outro* – translates from Portuguese as *Other* – speaks to this space of relation to one another. In a world built on binaries – body versus mind, head versus heart, self versus other – what we often overlook is how these divisions, rather than the identities they attempt to define, are what truly shape us. Who defines me if not the other?

Heart

The sculptures and installations in *Outro* appear at first like everyday objects – a bin cast in bronze, titled *Bedside Table* (2024), or a pair of trousers dipped in resin, hanging from a tree branch, named ½ (2024). They seem prosaic, but an undercurrent of sadness

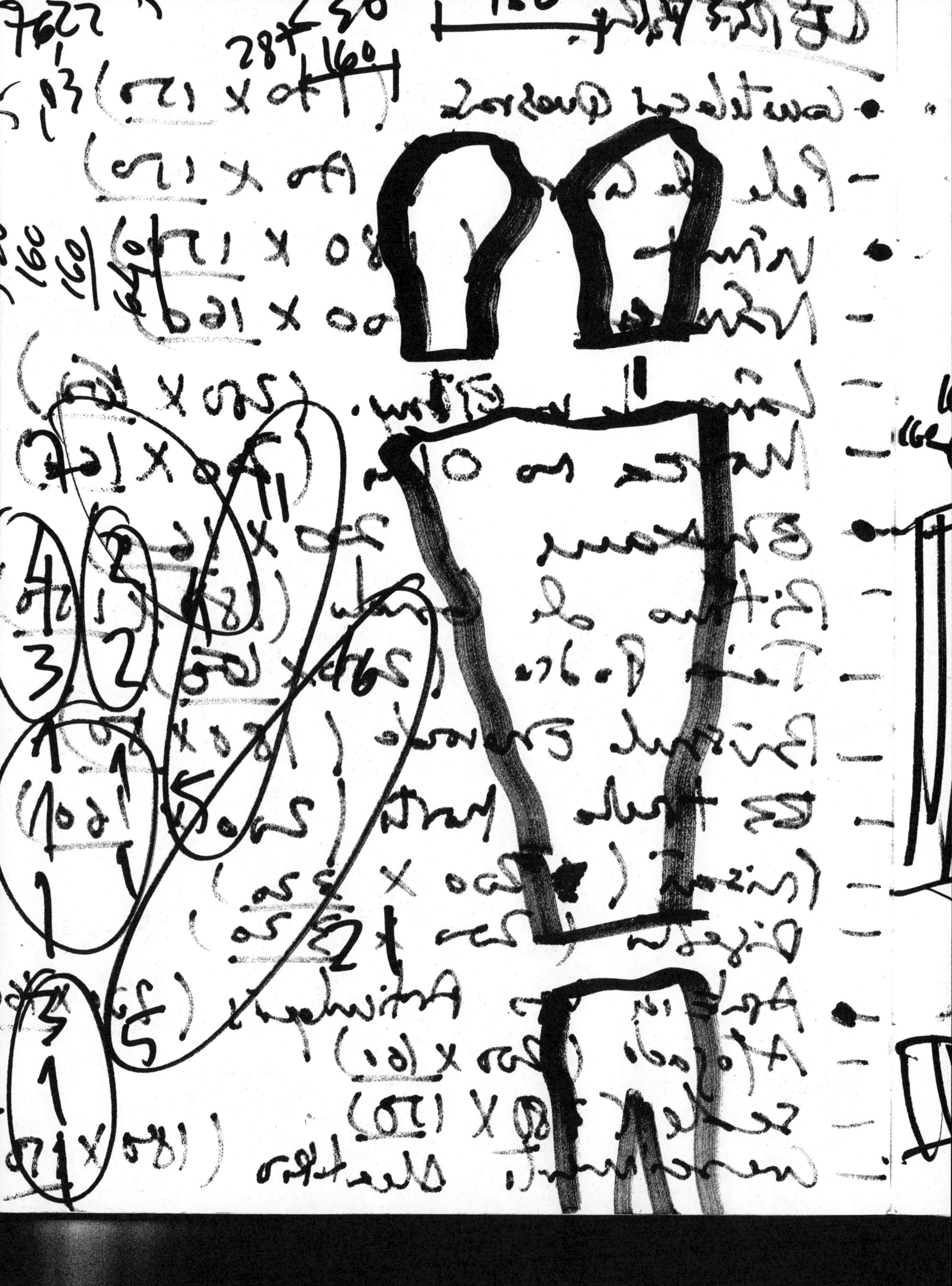

quotidiano – um caixote do lixo moldado em bronze, intitulado *Mesa de Cabeceira* (2024), ou um par de calças mergulhadas em resina e penduradas num ramo de árvore, com o nome ½ (2024). Parecem até prosaicas, mas uma corrente de tristeza instala-se à medida que se percorre a exposição. Cada peça parece um fragmento de um enigma, como se cada escultura fosse uma pequena recordação de um evento que fraturou o tempo, tal como um coração partido. Lacan fala do amor e do desejo como se estivessem ligados a um sentido de incompletude, sugerindo que a dor do amor distorce o próprio tempo, fazendo com que momentos de saudade ou desgosto pareçam uma eternidade.[5]

Suspeito que ½ seja apenas isso, metade de algo incompleto, como se a outra metade tivesse sido arrancada. Mas encontro-a no andar de baixo, a segunda ½ (2024), em muito pior estado do que eu pensava – uma camisa branca embebida em resina epóxi, pregada à parede pelos ombros e esfaqueada com uma faca de cozinha onde deveria estar o coração. "O amor é uma ferida no coração", escreveu a poetisa Anne Carson em *Eros the Bittersweet*.[6] Aqui, essa ferida é exposta. A camisa, com uma textura de efeito molhado, é pressionada contra a parede pela faca. Mas o corpo desapareceu, evaporou-se, deixando para trás a memória da dor.

A exposição inclui três grandes pinturas em tons de cinza que contribuem para um tom geral sombrio. *Tempestade à Mesa* (2024) é feita de cinzas, cola e tinta a óleo, com pinceladas circulares da esquerda para a direita, como um pára-brisas sob uma tempestade. A atmosfera é de incerteza e vazio, como se o próprio ar pesasse com tristeza. Semelhante aos dois ½, estas pinturas, com as suas pinceladas expressivas, parecem assombradas pelo corpo ausente. Assim como na escultura *Fantasma* (2024), em que uma cama vazia está oca sob o edredão, no lugar onde o corpo deveria estar. E numa das paredes, envelhecida com pigmentos e cinzas, uma janela está entreaberta com uma toalha pendurada, como

settles in as you move through the exhibition. Each piece feels like a fragment of a riddle as if every sculpture was a small recollection of an event that has fractured time, much like a broken heart. Lacan speaks of love and desire as bound to a sense of incompleteness, suggesting that the pain of love distorts time itself, making moments of longing or heartbreak feel like eternity.[5]

I suspect ½ is just that, half of something incomplete as if the other half had been wrenched away. But I find it downstairs, the second ½ (2024), and it's much worse than I thought – a white shirt soaked in epoxy resin, nailed to the wall by the shoulders and stabbed with a kitchen knife where the heart should be. "Love is a wound in the heart", wrote poet Anne Carson in *Eros the Bittersweet*.[6] Here, that wound is displayed. The shirt is left wet and pressed against the wall by the knife, but the body is gone, evaporated, leaving behind the memory of the pain.

The exhibition includes three large paintings in shades of grey that contribute to a somber tone. *Storm at the Table* (2024) is made from ash, glue and oil paint, with circular strokes from left to right like windshield wipers in a downpour. The atmosphere is one of uncertainty, and emptiness, as if the air itself has been thickened with sorrow. Like the two ½, these paintings, with their expressive brushstrokes, seem haunted by the absent body. Similarly, in *Phantom* (2024), a bed is hollow under the duvet where the body is meant to be. And on one of the walls that has been aged with pigments and ash, a window is left ajar with a towel hanging from it as if the body just left, contributing to a general sense of grief.

"The wound of love is not only a wound but a rupture in time, a disruption that opens up the future and the past at once." Carson's words capture the exhibition's essence – the way love stretches moments of desire and loss into something timeless, where past, present, and future collapse into each other.[7] This bittersweet nature of love, its tendency

se o corpo tivesse acabado de sair, contribuindo para uma sensação predominante de ausência.

"A ferida do amor não é apenas uma ferida, mas uma ruptura no tempo, uma disrupção que abre o futuro e o passado ao mesmo tempo." As palavras de Carson exprimem a essência da exposição – a forma como o amor estica momentos de desejo e perda de forma intemporal, onde passado, presente e futuro colapsam uns nos outros.[7] Esta natureza agridoce do amor, a sua tendência para pairar entre a beleza e a dor, confere à exposição um sentido de tempo suspenso, uma sensação de que estes objetos são como memórias assombradas, presas num ciclo, incapazes de avançar ou recuar.

Máquina do Tempo (2024) é uma máquina de lavar roupa em bronze de tamanho real, ligeiramente inclinada, como se tivesse sido moldada a meio do ciclo da lavagem. Lá dentro está a cabeça do pai de Fernão Cruz, feita de resina e revestida em cinzas. Talvez esta máquina nos transporte para um momento de desgosto, uma oportunidade para reimaginar o que poderia ter sido diferente, como um portal para o passado. Ou uma previsão do futuro, um eu de Cruz que aceita o pai – com todas as suas falhas –, não tão diferente de si próprio.

Esses objetos, aparentemente comuns, assumem definitivamente um aspecto sinistro quando apresentados juntos a partes do corpo – como a cabeça do pai, ou o pé arrastado por uma esfregona, ao lado de uma botija de água quente, em *Lavar o Entulho* (2024). Partes do corpo desmembradas e emparelhadas com objetos domésticos sugerem que fragmentar as emoções em pedaços pequenos as pode tornar mais fáceis de gerir e talvez nos ajude a lidar com a dor – como um processo de recuperação, um passo de cada vez.

Tal como as muletas expostas no terraço, fora de alcance, *O Assistente* (2024) é simultaneamente uma figura de apoio e inacessibilidade. A facada no coração não

to hover between beauty and pain, gives the exhibition a sense of suspended time, a feeling that these objects are like haunting memories, trapped in a loop, unable to move back or forward.

Time Machine (2024) is a real-size washing machine made from bronze, slightly tilted as if cast mid-cycle. Inside there is Fernão Cruz's father's head, made from resin and coated in ash. Like a portal to the past, perhaps an opportunity for resolution, the machine opens the door to a moment of heartbreak, a chance to reimagine what could have been. Or maybe a glimpse forward, to Cruz's future self, accepting his father – with flaws and all – as not so different from himself.

These objects, seemingly ordinary, definitely take on a sinister turn when paired with body parts – like the father's head, or the foot dragged by a mop next to a hot water bottle, in *Washing Away Debris* (2024). Dismembered body parts paired with domestic objects suggest that breaking down emotions into smaller manageable pieces might lessen the pain – and aid in healing.

Like the crutches displayed on the terrace, out of reach, *The Assistant* (2024) is both a figure of support and inaccessibility. The stab to the heart is not just a metaphor; it is a crime of passion, a reminder that these sculptures are more about the horrors of love than its beauty.

Head

The Queen of Hearts in Lewis Carroll's *Alice's Adventures in Wonderland* is notorious for her capricious decrees of "Off with their heads!"[8]. Her reign in Wonderland is one of arbitrary emotion, a farcical yet unsettling portrayal of a world where passion overrules reason. But what does it mean to behead our fathers – or our mothers?

In 1128, Afonso Henriques, the future first King of Portugal, rebelled against his mother, Teresa of León. After winning the

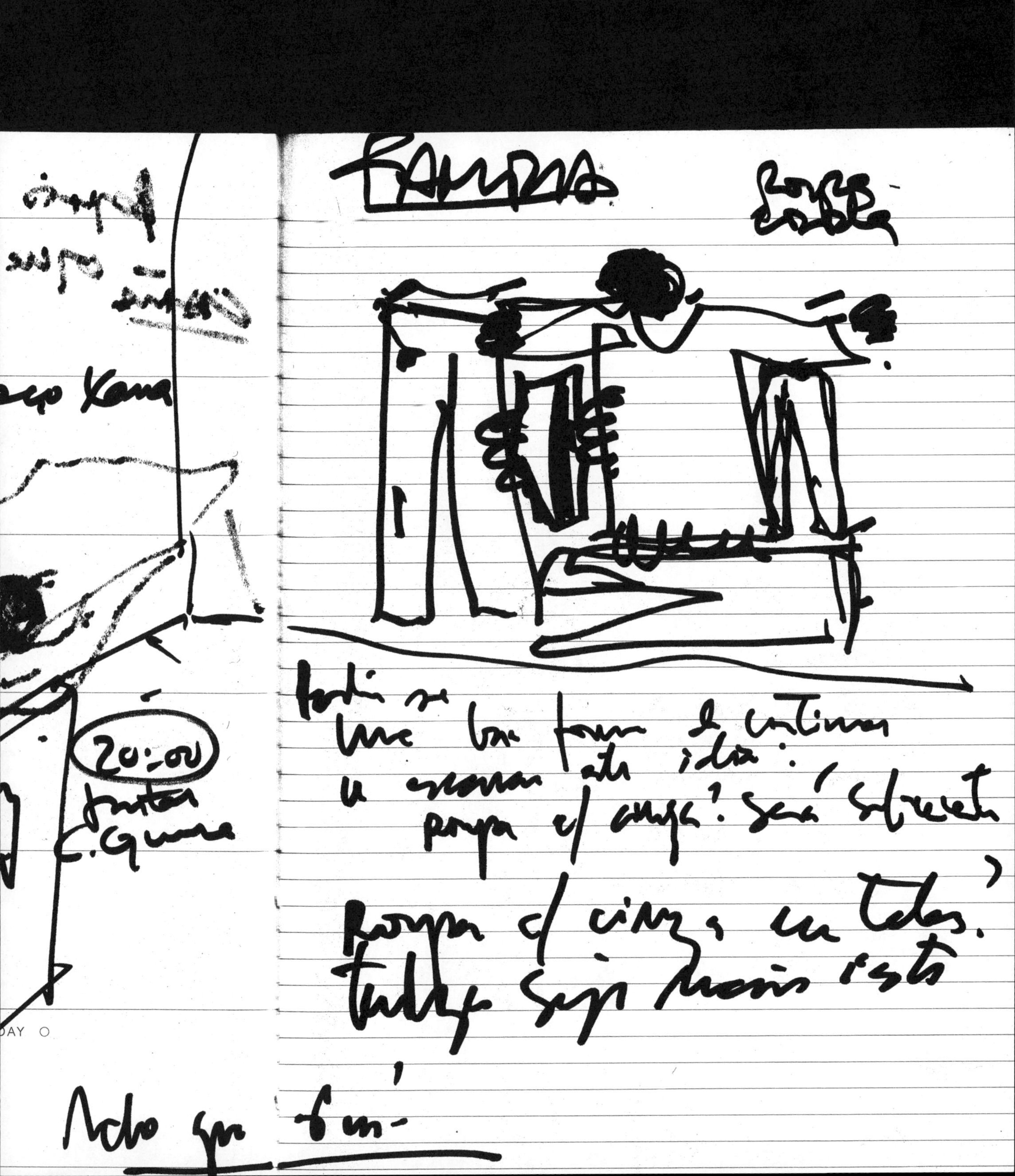

20:00

é apenas uma metáfora; é um crime passional, uma lembrança de que estas obras são mais relacionadas com os horrores do amor do que com a sua beleza.

Cabeça

A Rainha de Copas em *Alice no País das Maravilhas*, de Lewis Carroll, é conhecida pelos seus decretos caprichosos de "Cortem-lhes as cabeças!"[8]. O seu reinado no País das Maravilhas é de emoção arbitrária, uma representação ao mesmo tempo enganosa e inquietante de um mundo onde a paixão prevalece sobre a razão. Mas o que significa decapitar os nossos pais – ou mães?

Em 1128, Afonso Henriques, o futuro primeiro Rei de Portugal, revoltou-se contra a mãe, Teresa de Leão. Após vencer a Batalha de São Mamede, Afonso simbolicamente cortou os laços com a mãe ao decapitá-la – um ato violento que, seja facto ou lenda, sinalizou uma ruptura com o passado e a reivindicação do seu próprio destino.[9] Este ato de decapitação, de cortar laços, ressoa como um passo primal, se não horrível, na jornada em direção à autodefinição. Em conversa com Fernão Cruz, ele mencionou que desejava ser como a sua mãe: "Forte!", disse ele, quase como um encantamento. O desejo de emular força, de a incorporar, sugere a dupla natureza da identificação – primeiro, o anseio de ser como o pai ou a mãe, e depois a compulsão de se libertar deles. Freud enquadrou isto nos termos edípicos de desejar a mãe e matar o pai.[10] Lacan complicou esta ideia com a sua teoria do "estágio do espelho", onde o reconhecimento do seu próprio reflexo por parte do bebé marca o nascimento do "eu" – um eu que está para sempre dividido entre o que é e o que percebe ser.[11]

Mas matar o pai ou a mãe não é apenas um ato de rebelião; é um ato de abjeção. A teoria da abjeção de Julia Kristeva sugere que a coisa mais aterradora é o confronto com o que expelimos de nós mesmos – aquilo que rejeitámos como intolerável, mas do qual não

Battle of São Mamede, he symbolically severed their bond by decapitating her – a violent act that, whether fact or legend, signalled a break from the past and a claim to his own destiny.[9] This act of beheading, of severing ties, resonates as a primal, if not horrifying, step in the journey toward self-definition. In conversation with Fernão Cruz, he mentioned he wished to be like his mother: "Strong!" he said, almost as an incantation. The desire to emulate strength, to embody it, hints at the dual nature of identification – first, the longing to be like the parent, and then the compulsion to break free from them. Freud framed this in the Oedipal terms of desiring the mother and killing the father.[10] Lacan complicated this with his theory of the "mirror stage", where the infant's recognition of its own reflection marks the birth of the "I" – a self that is forever split between what it is and what it perceives itself to be.[11]

But to kill the father or the mother is not just an act of rebellion; it is an act of abjection. Julia Kristeva's theory of abjection suggests that the most terrifying thing is the confrontation with what we have expelled from ourselves – what we've rejected as intolerable, yet cannot fully separate from.[12] The beheading of a parent, real or metaphorical, is the ultimate act of abjection, a severing that attempts to rid the self of its origins, its dependencies, but instead reveals the horror of its own incomplete identity.

***Mirror* (2024), a two-meter-tall painting made from ash and glue on canvas, embodies this horror. The ash, a residue of something burned, something lost, covers the surface like the remnants of a pyre. The glue, meant to bind, instead highlights the fractures. The painting is a confrontation with the self's most abject parts – the parts we would rather cut away, like Afonso severing his mother's head. Yet these parts remain, stubbornly clinging, refusing to be fully erased.**

As a child, my mother once told me, "Always remember that what you are is also

podemos separar-nos completamente.¹² A decapitação de um pai ou mãe, real ou metafórica, é o ato de abjeção supremo, uma tentativa de livrar o eu das suas origens, das suas dependências, mas que em vez disso revela o horror da sua própria identidade incompleta.

Espelho (2024), uma pintura de dois metros feita de cinzas e cola sobre tela, encarna este horror. As cinzas, um resíduo de algo queimado, algo perdido, cobrem a superfície como os restos de uma pira funerária. A cola, destinada a unir, destaca em vez disso as fraturas. A pintura é um confronto com as partes mais abjetas do eu — as partes que preferiríamos cortar, como Afonso a decapitar a mãe. No entanto, essas partes permanecem, teimosamente agarradas, recusando-se a ser completamente apagadas.

Em criança, a minha mãe disse-me uma vez: "Lembra-te sempre de que és também o que as outras pessoas pensam de ti." Na altura, este conselho pareceu-me uma traição a tudo aquilo em que acreditava sobre individualismo e autodeterminação. Mas agora soa mais como um aviso — uma lembrança de que o eu não é um sistema fechado. Está em constante diálogo com o outro, moldado tanto pelo que rejeita como pelo que abraça. As obras de Cruz refletem este eu fragmentado, um eu que está tanto presente como ausente, inteiro e em pedaços. Como uma casa de espelhos, a exposição *Outro* refrata a identidade num labirinto de imagens contraditórias, cada uma revelando algo desconfortável, algo que preferiríamos renegar. Mas, como Kristeva aponta, o abjeto não pode ser facilmente descartado. Faz parte de nós, espreitando nas margens da consciência, emergindo em momentos de crise ou reflexão.

O ato da decapitação, então, é tanto uma tentativa literal como simbólica de cortar as partes abjetas de nós mesmos. Mas, ao fazê-lo, expomos apenas a fragilidade do eu e a sua dependência daquilo que procura destruir. *Espelho* (2024) torna-se um testemunho desse esforço, um lugar onde o eu confronta a sua própria monstruosidade.

what other people think of you." At the time, it felt like a betrayal of everything I believed about individualism and self-determination. But now, it reads more like a warning — a reminder that the self is not a closed system. It's in constant dialogue with the other, shaped by what it rejects as much as by what it embraces. Cruz's artworks reflect this fragmented self, a self that is both present and absent, whole and in pieces. Like a house of mirrors, the exhibition *Outro* refracts identity into a maze of conflicting images, each revealing something uncomfortable, something we might prefer to disown. But as Kristeva points out, the abject cannot be easily discarded. It is part of us, lurking at the edges of consciousness, surfacing in moments of crisis or reflection.

The act of beheading, then, is both a literal and symbolic attempt to cut away the abject parts of ourselves. But in doing so, we only expose the fragility of the self, and its dependence on what it seeks to destroy. *Mirror* (2024) becomes a testament to this struggle, a place where the self confronts its own monstrosity.

Daisy Lafarge, following Kristeva, suggests that working through abjection "requires learning to love what is difficult, learning to repair the murderous parts."¹³ But what if these murderous parts are what define us? In *Outro*, Cruz does not offer easy answers but rather presents his works as part of this process. He reveals the raw reality of a self that is constantly dismembering and reassembling itself through the artistic process, a self that must recognise its own capacity for horror in order to survive.

The beheading of a parent, like the fragments in Cruz's work, is an act of self-preservation, but also of destruction. It's an attempt to break free, to claim independence from the love bond, but it leaves behind the wound — a visible reminder that what we reject is still a part of us.

Love, as we've traced through the works of Freud, Lacan and Kristeva, is both

ORÁCULO DE VENN

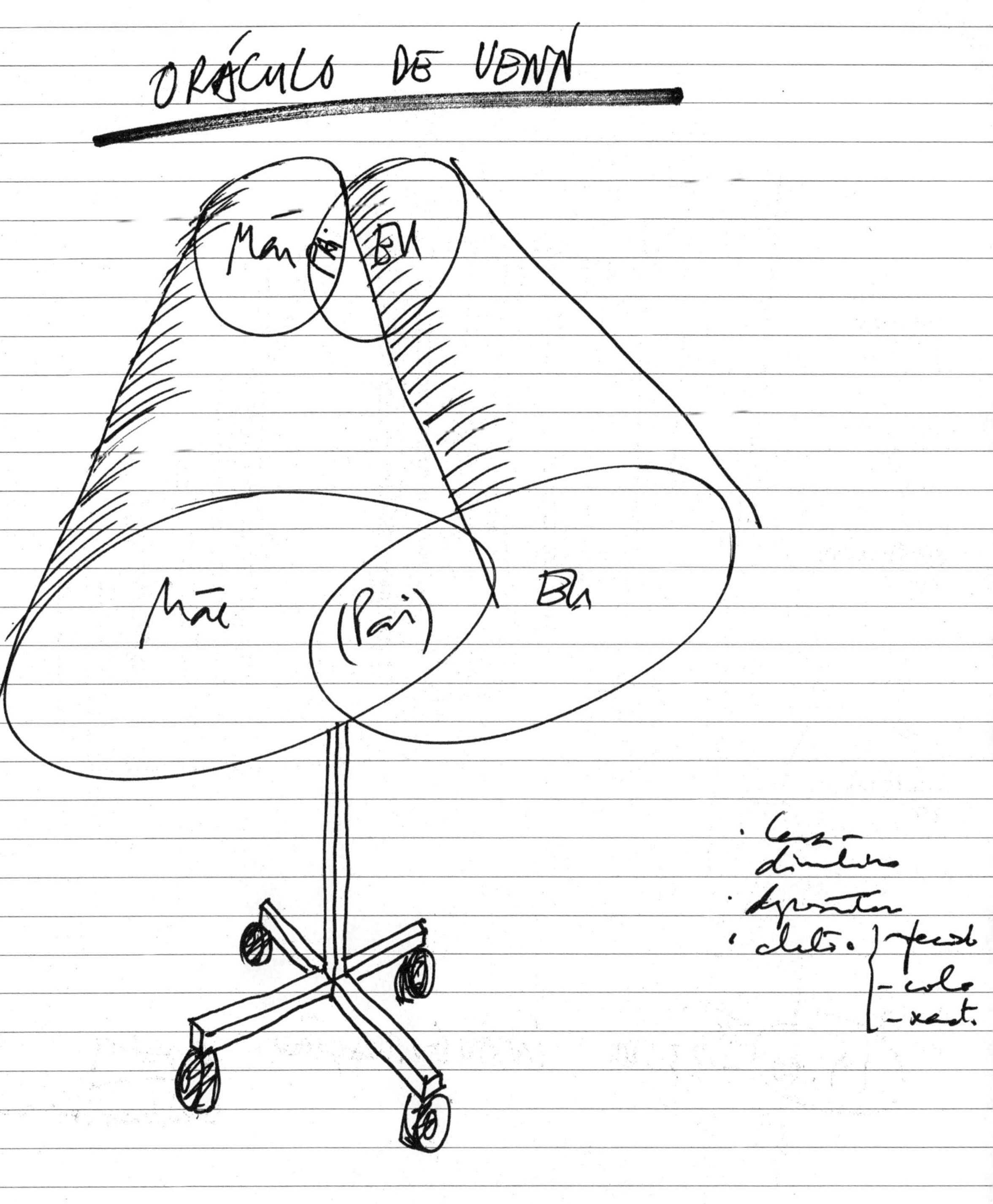

Daisy Lafarge, seguindo Kristeva, sugere que trabalhar através da abjeção "exige aprender a amar o que é difícil, aprender a reparar as partes assassinas".[13] Mas e se essas partes assassinas forem o que nos define? Em *Outro*, Cruz não oferece respostas fáceis, mas apresenta as suas obras como parte desse processo. Mostra-nos uma realidade crua de um eu que está constantemente a desmembrar-se e a recompor-se através do processo artístico, um eu que reconhece a sua própria capacidade de horror para sobreviver. A decapitação de um pai ou mãe, como os fragmentos no trabalho de Cruz, é um ato de autopreservação, mas também de destruição. É uma tentativa de se libertar, de reivindicar a independência, mas deixa para trás a ferida – uma lembrança visível de que o que rejeitamos ainda faz parte de nós.

O amor, como traçamos aqui através das obras de Freud, Lacan e Kristeva, é simultaneamente criação e destruição – uma força que nos une e, ao mesmo tempo, nos recorda da nossa incompletude. Em *Outro*, as esculturas desmembradas e as pinturas sombrias servem como um testemunho desta dualidade do amor. No final, o amor é um processo de decapitação – de cortar as ilusões que temos sobre nós mesmos e dos outros. Obriga-nos a confrontar o abjeto, as partes de nós que preferiríamos renegar. No entanto, dentro deste horror reside o potencial de transformação, de aprender a viver com as "partes assassinas". O eu, tal como as cabeças decapitadas, deve suportar uma morte simbólica para renascer, para continuar a dança interminável entre desejo e perda, conexão e separação.

Esta é a natureza agridoce do amor: exige-nos por completo, ao mesmo tempo que promete despedaçar-nos. Amar é entrar numa casa de espelhos, onde cada reflexão distorce e revela, deixando-nos a navegar pelo labirinto dos nossos desejos e medos, esperando emergir mais inteiros, mas sabendo que talvez nunca consigamos escapar totalmente do labirinto.

creation and destruction –a force that binds us while simultaneously reminding us of our incompleteness. In *Outro*, the disembodied sculptures and haunting paintings serve as a testament to the duality of love: its power to unite and its tendency to unravel. In the end, love is a process of beheading – of cutting away the illusions we hold about ourselves and others. It forces us to confront the abject, the parts of ourselves we would rather disown. Yet, within this horror lies the potential for transformation, for learning to live with the "murderous parts". The self, much like the decapitated heads, must endure a symbolic death to be reborn, to continue the endless dance between desire and loss, connection and separation.

This is the bittersweet nature of love: it demands our whole selves while promising to tear us apart. To love is to enter a house of mirrors, where each reflection distorts and reveals, leaving us to navigate the maze of our desires and fears, hoping to emerge more whole but knowing that we may never fully escape the labyrinth.

1

Jacques Lacan, *Écrits: A Selection* (Londres: Routledge, 2001).

2

Daisy Lafarge, *Lovebug* (Londres: Peninsula, 2023), p. 2. A citação original é: "Love as a force which can both make and unmake the experience of self" (tradução minha).

3

Heather Love, *Feeling Backward: Loss and the Politics of Queer History* (Cambridge, MA: Harvard University Press, 2007), p. 59. A citação original é: "some loves are more failed than others" (tradução minha).

4

Jack Halberstam, *The Queer Art of Failure* (Durham, NC: Duke University Press, 2011).

5

Jacques Lacan, *The Four Fundamental Concepts of Psychoanalysis* (Nova Iorque: W.W. Norton & Company, 1998).

6

Anne Carson, *Eros the Bittersweet* (Normal, IL: Dalkey Archive Press, 1998), p. 5. A citação original é: "Love is a wound in the heart" (tradução minha).

7

op. cit., p. 32. A citação original é: "The wound of love is not only a wound but a rupture in time, a disruption that opens up the future and the past at once" (tradução minha).

8

Lewis Carroll, *Alice's Adventures in Wonderland* (Londres: Macmillan, 1865).

9

A.H. de Oliveira Marques, *História de Portugal: Volume 1 – De Lusitânia a Império* (Nova Iorque: Columbia University Press, 1976).

10

Sigmund Freud, *The Ego and the Id* (Nova Iorque: W.W. Norton & Company, 1990).

11

Jacques Lacan, *Écrits: A Selection* (Londres: Routledge, 2001).

12

Julia Kristeva, *Powers of Horror: An Essay on Abjection* (Nova Iorque: Columbia University Press, 1982).

13

Daisy Lafarge, *Lovebug* (Londres: Peninsula, 2023), p. 15. A citação original é: "requires learning to love what is difficult, learning to repair the murderous parts" (tradução minha).

1

Jacques Lacan, *Écrits: A Selection* (London: Routledge, 2001).

2

Daisy Lafarge, *Lovebug* (London: Peninsula, 2023), p. 28.

3

Heather Love, *Feeling Backward: Loss and the Politics of Queer History* (Cambridge, MA: Harvard University Press, 2007), p. 59.

4

Jack Halberstam, *The Queer Art of Failure* (Durham, NC: Duke University Press, 2011).

5

Jacques Lacan, *The Four Fundamental Concepts of Psychoanalysis* (New York: W.W. Norton & Company, 1998).

6

Anne Carson, *Eros the Bittersweet* (Normal, IL: Dalkey Archive Press, 1998), p. 5.

7

op. cit., p. 32.

8

Lewis Carroll, *Alice's Adventures in Wonderland* (London: Macmillan, 1865).

9

A.H. de Oliveira Marques, *History of Portugal: Volume 1 – From Lusitania to Empire* (New York: Columbia University Press, 1976).

10

Sigmund Freud, *The Ego and the Id* (New York: W.W. Norton & Company, 1990).

11

Jacques Lacan, *Écrits: A Selection* (London: Routledge, 2001).

12

Julia Kristeva, *Powers of Horror: An Essay on Abjection* (New York: Columbia University Press, 1982).

13

Daisy Lafarge, *Lovebug* (London: Peninsula, 2023), p. 15.

(ao contínuo)
está a "fugir"
da mensagem que
espia

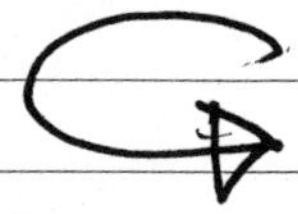

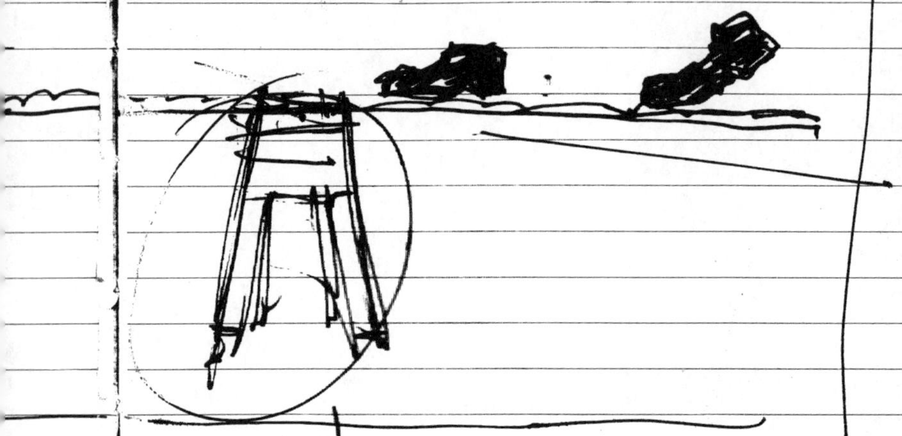

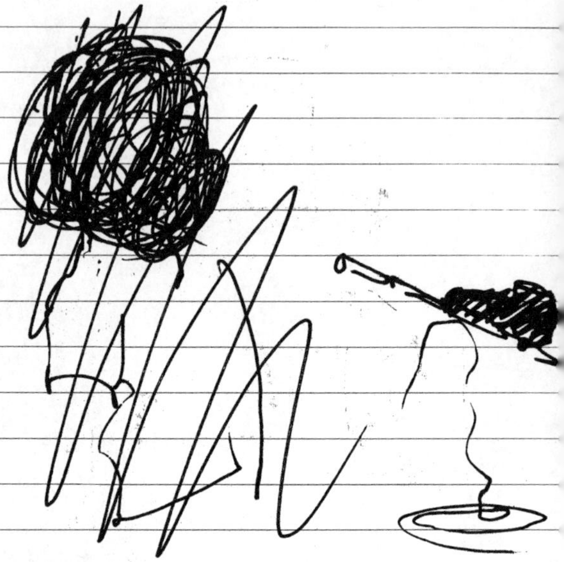

vários objectos
em vez do barro

corda?

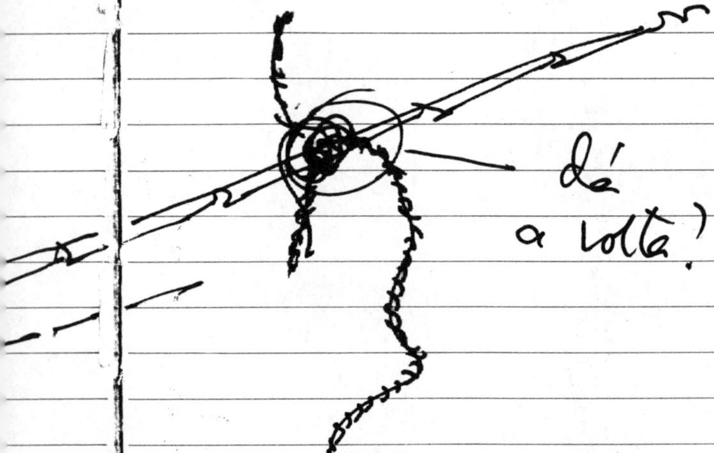

dá
a volta?

t-shirt

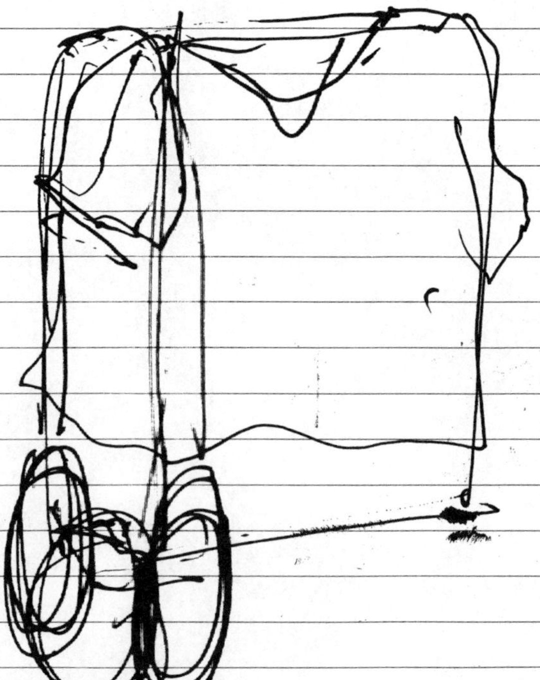

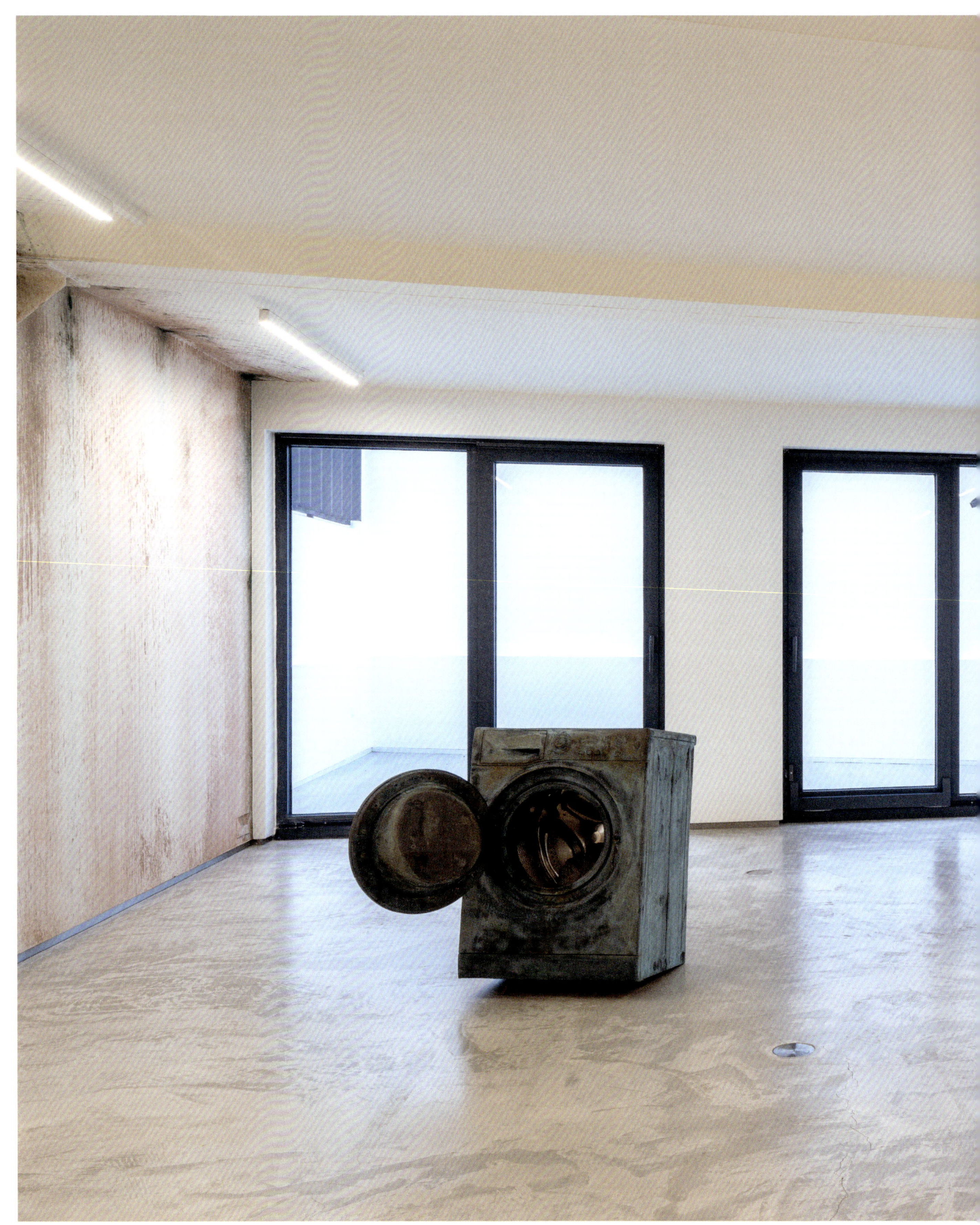

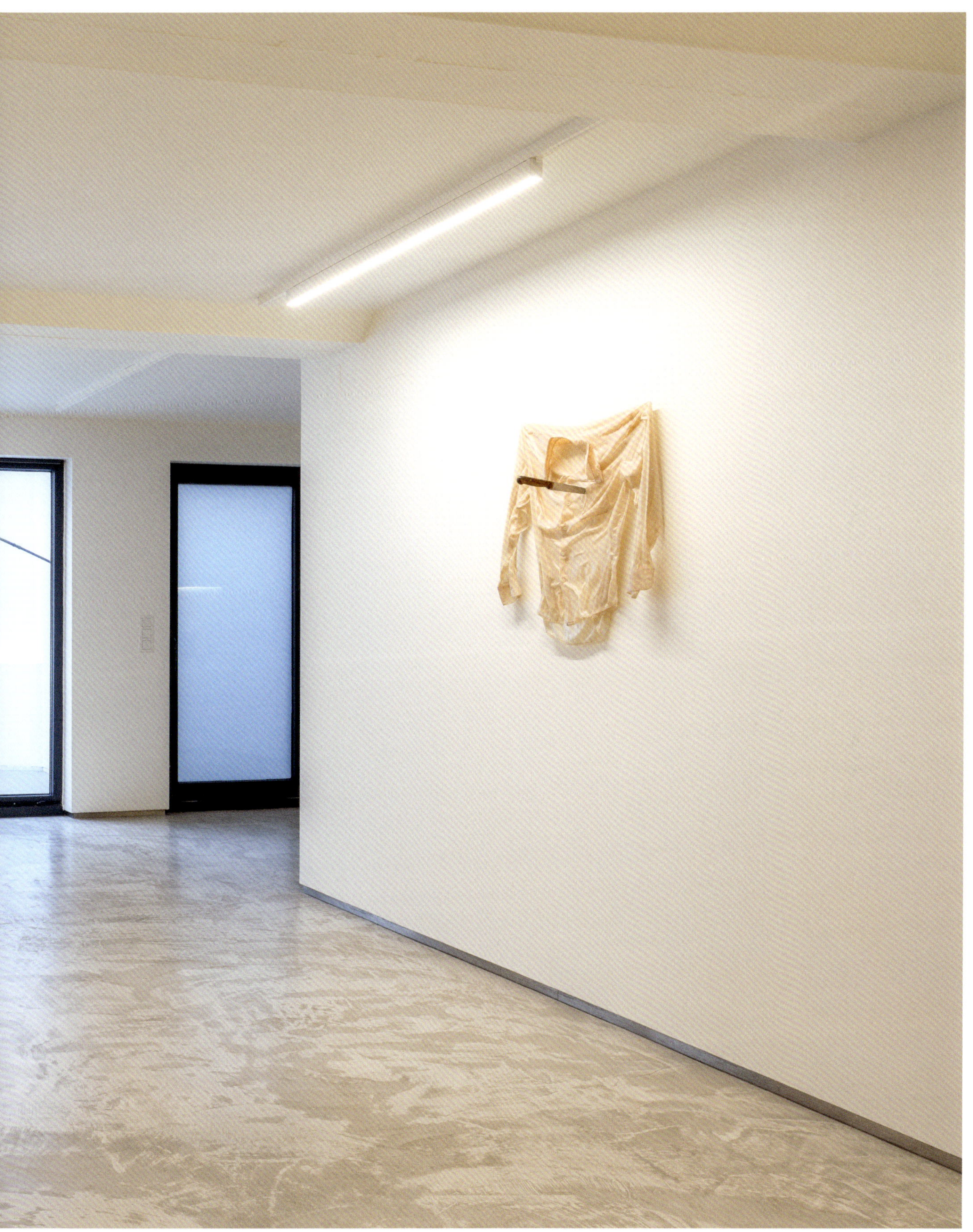

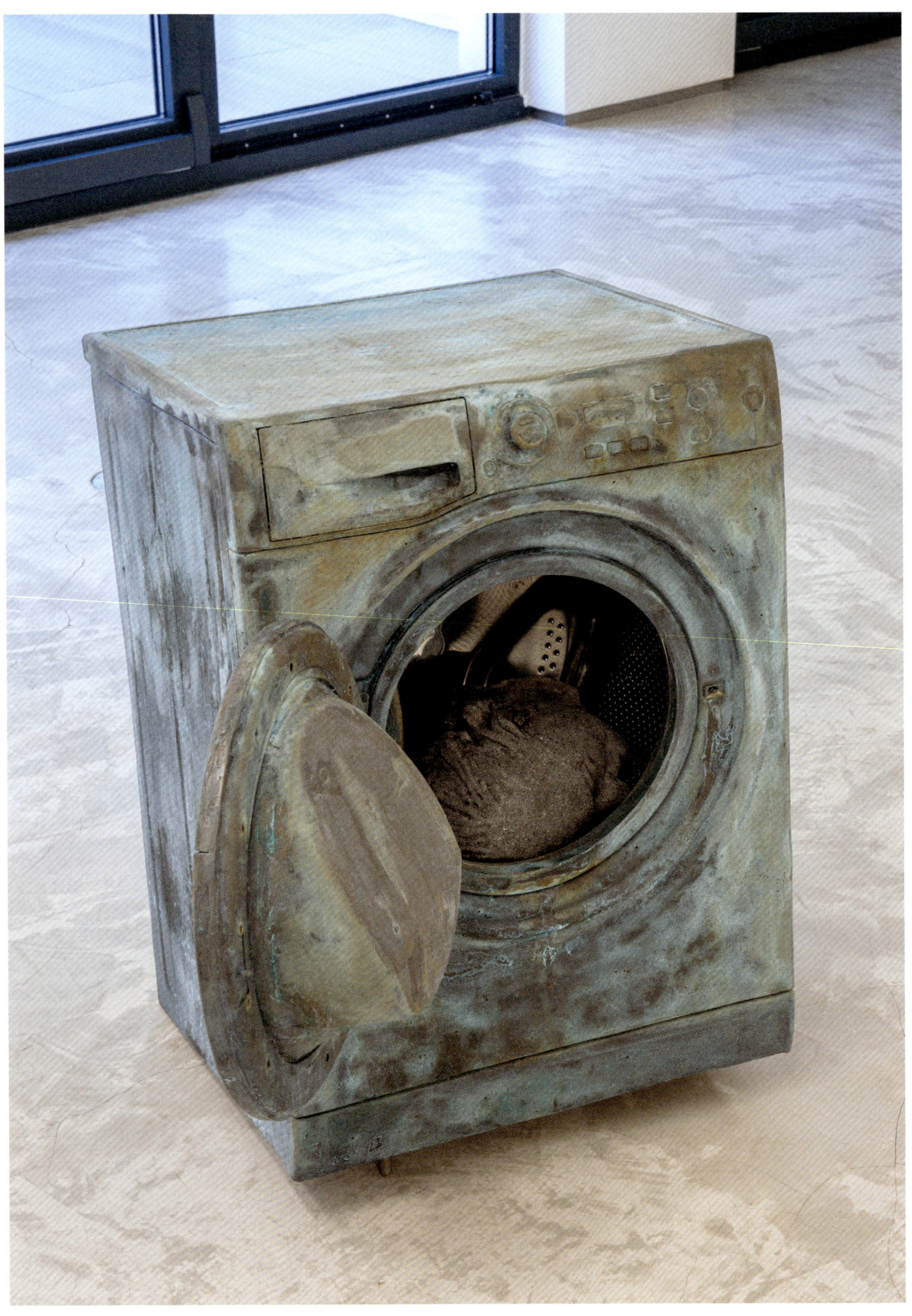

[illegible handwritten manuscript]

Máquina do Tempo, 2024
Bronze, cabeça em resina
revestida com cinza
88 × 110 × 75 cm

Time Machine, 2024
Bronze, resin head
coated with ash
88 × 110 × 75 cm

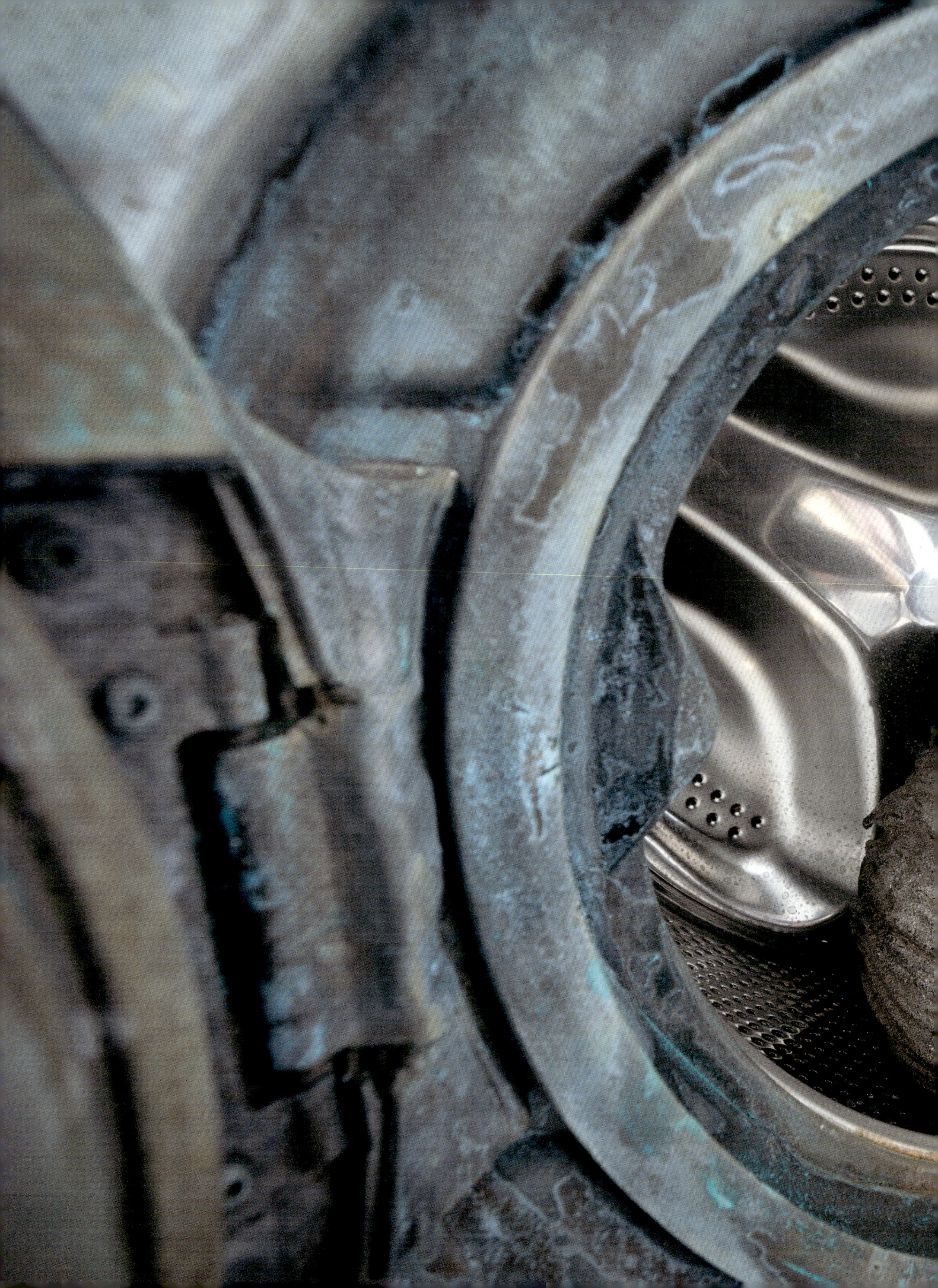

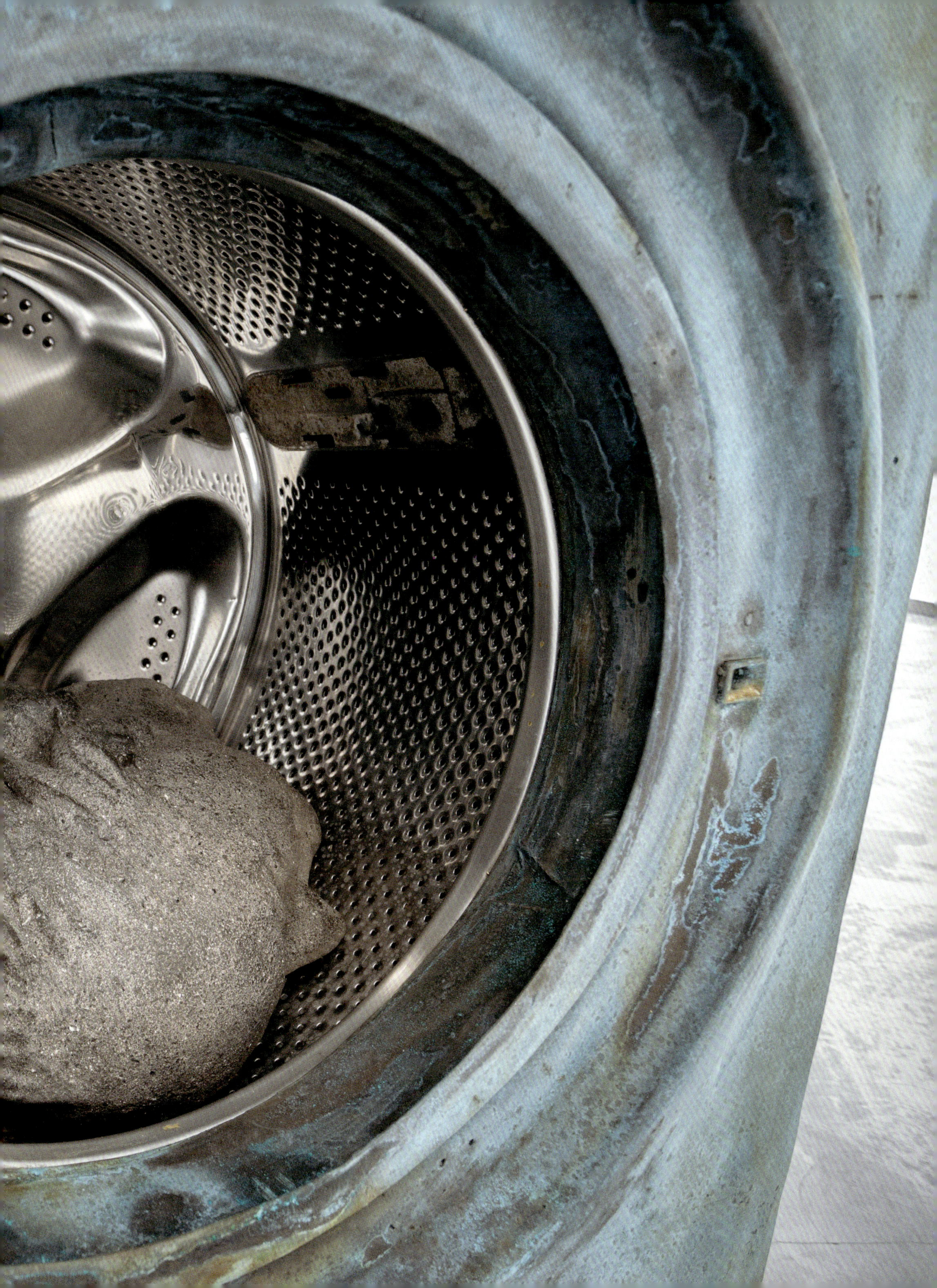

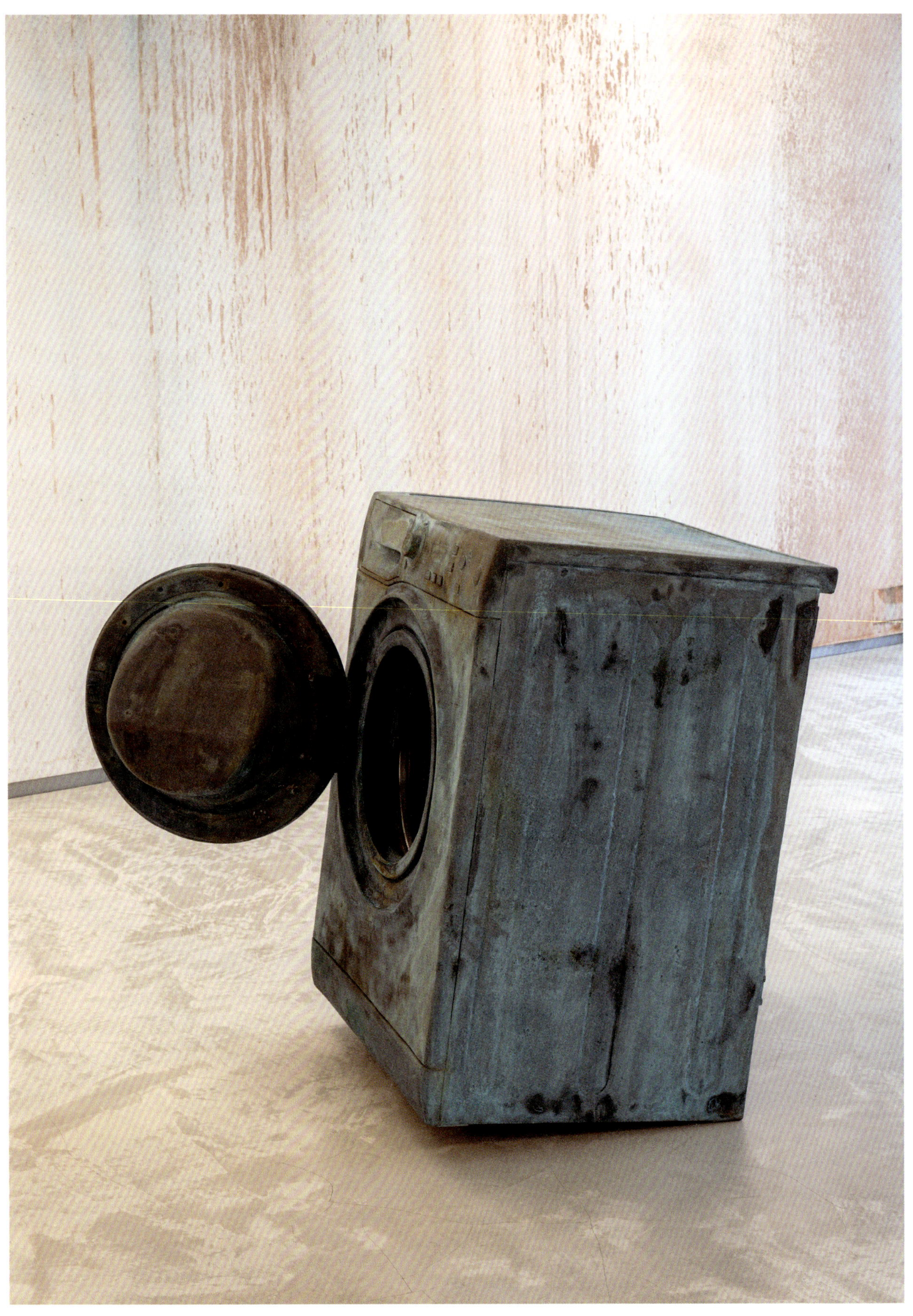

49

rebatimento

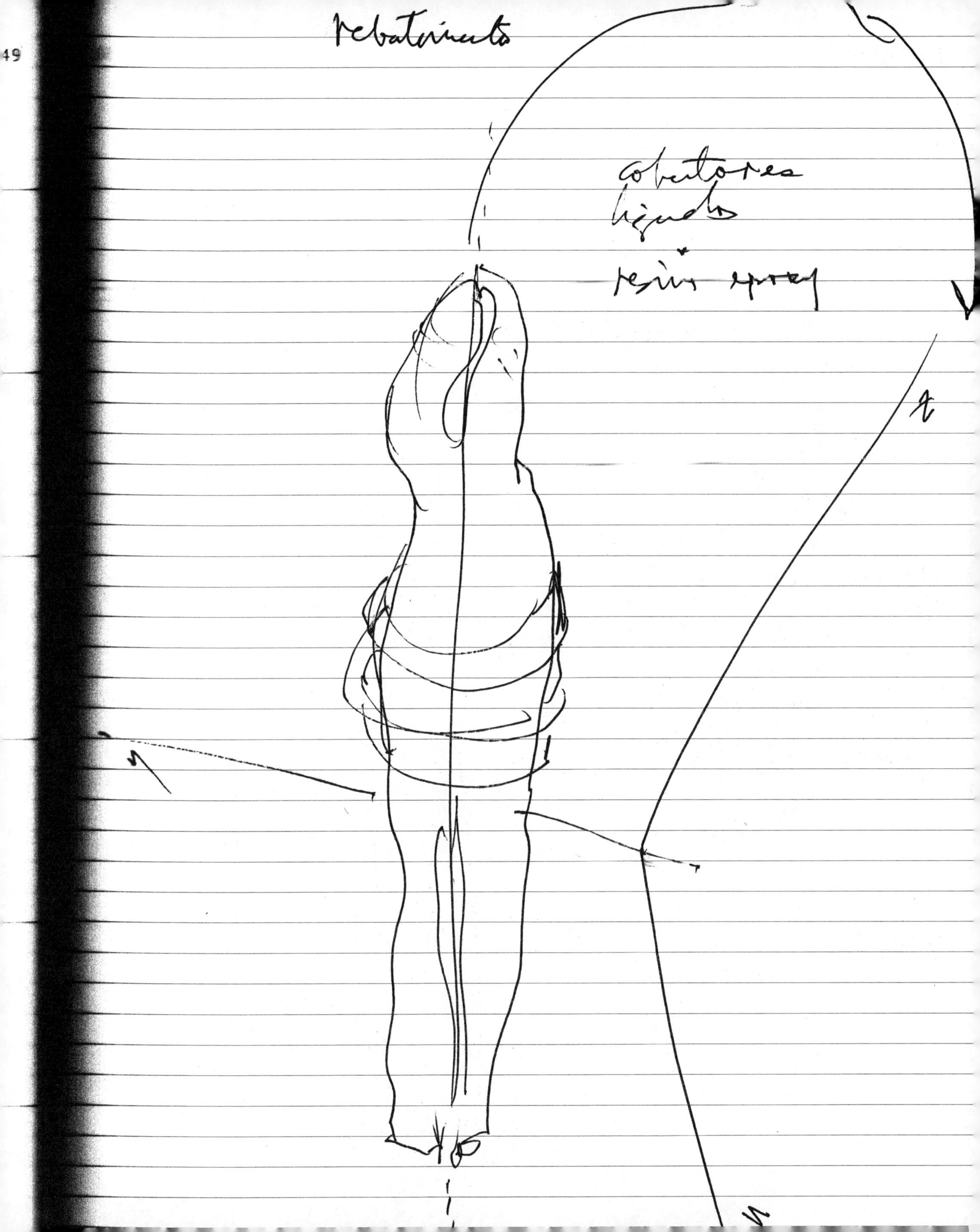

"Esqueleto para rede" 2021

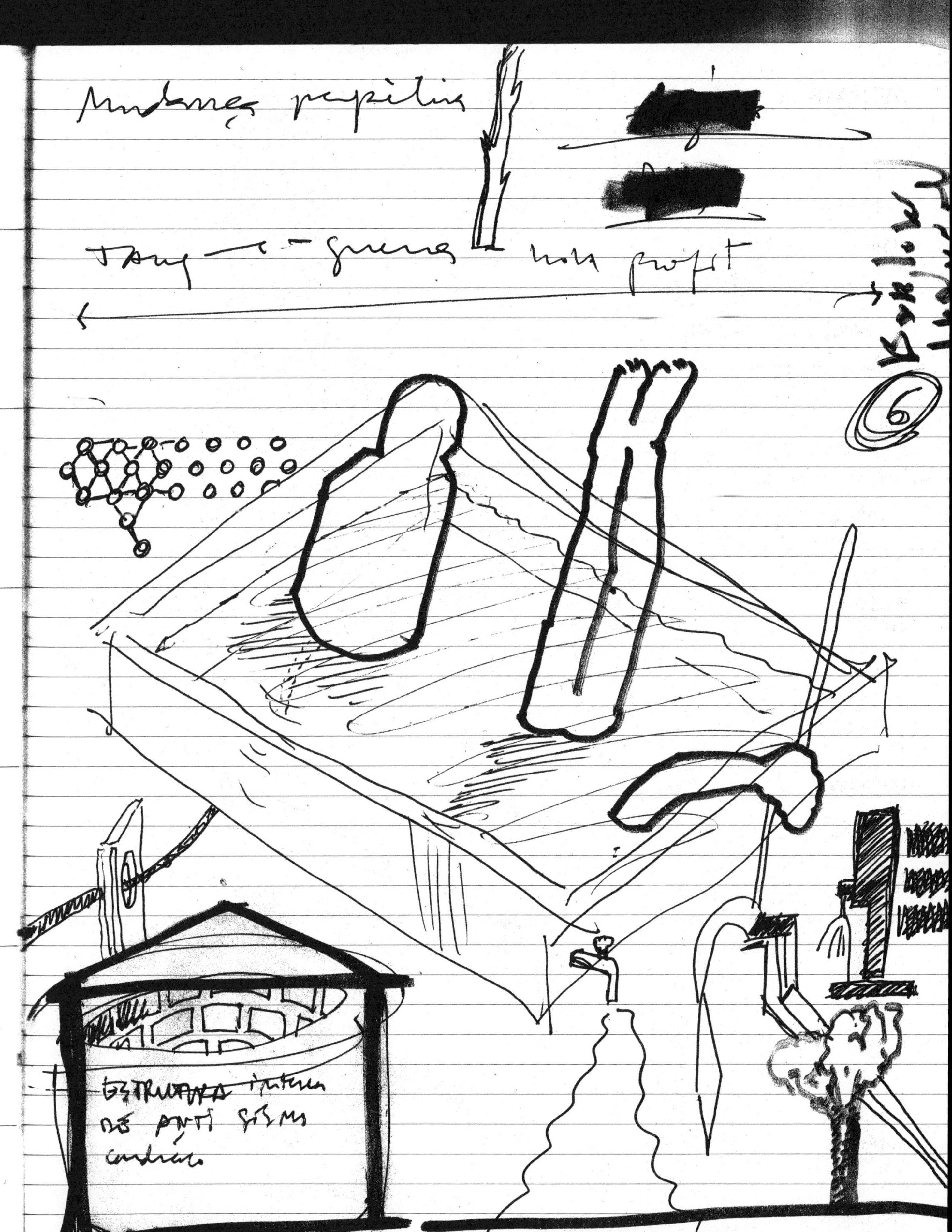

ESTRUCTURA intern
DE ANTI SISMO
cadira

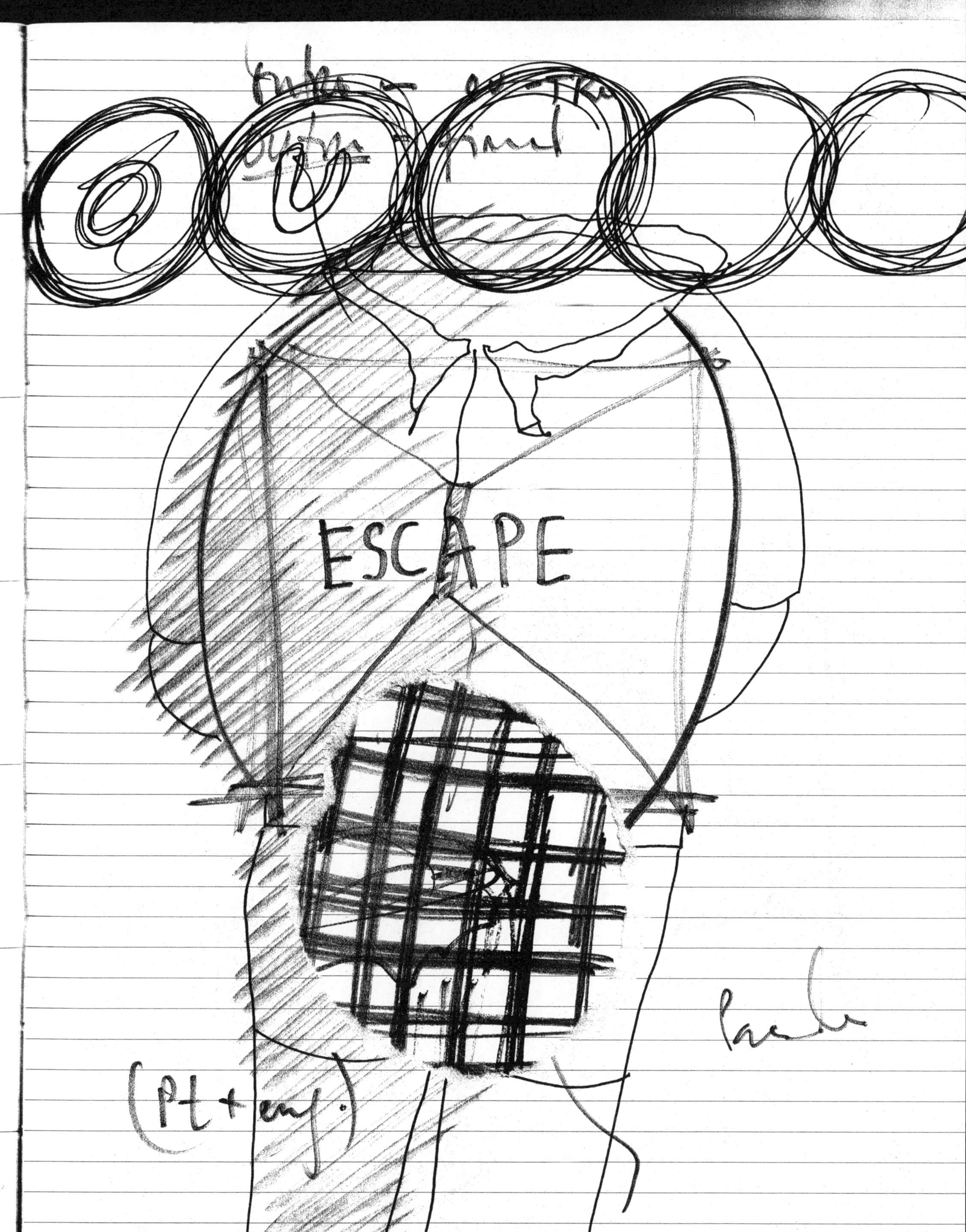

ESCAPE
(Pt + enf.)

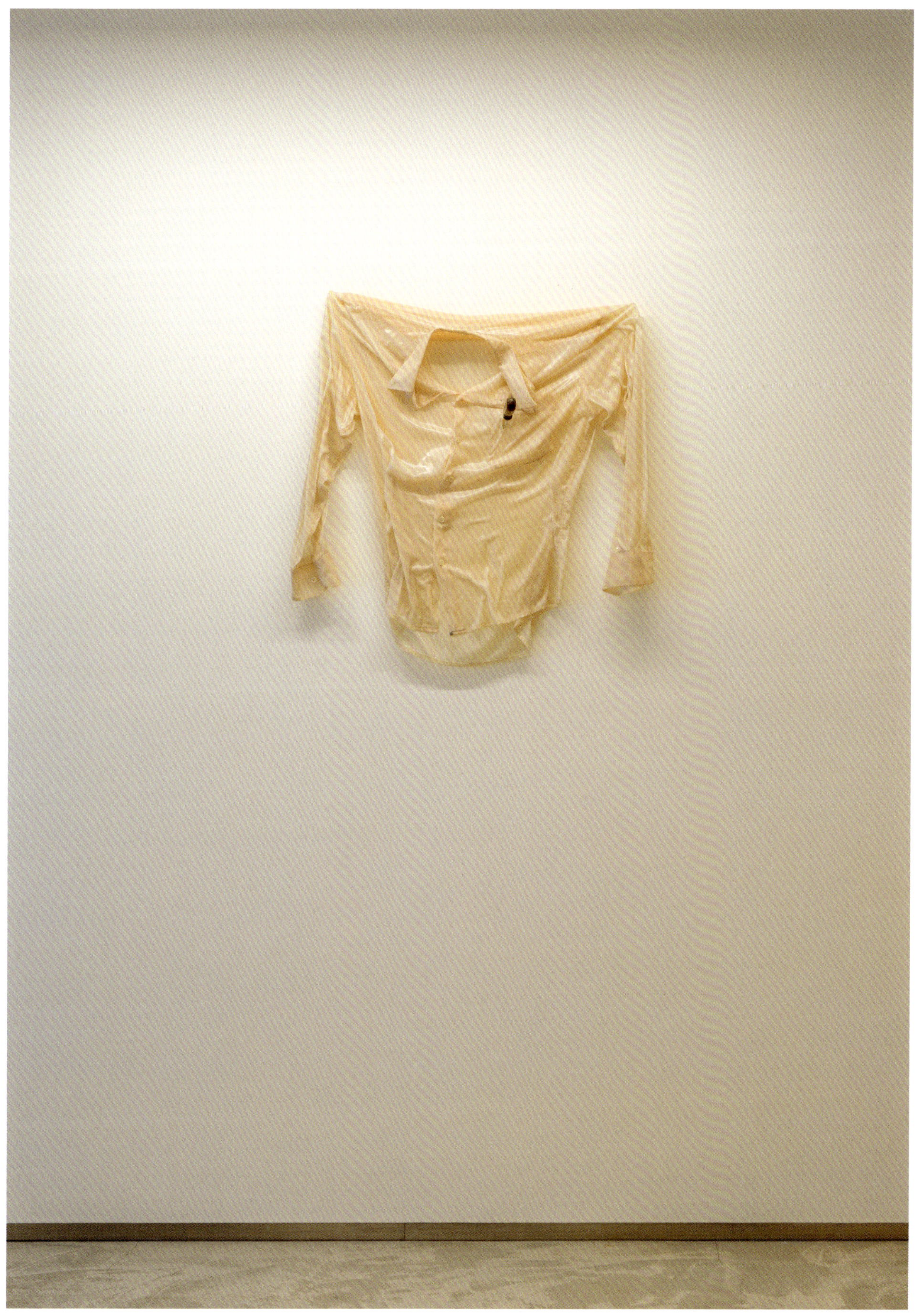

½, 2024
Camisa embebida em resina epoxy,
faca de cozinha
75 × 67 × 25 cm

½, 2024
Shirt soaked in epoxy resin,
kitchen knife
75 × 67 × 25 cm

1,30 — 1,5 ?

Microondas

Rocha
~~Roupa~~
Resina

Tédio

Esqueleto a sentar no sofá
mas não
vai sol.

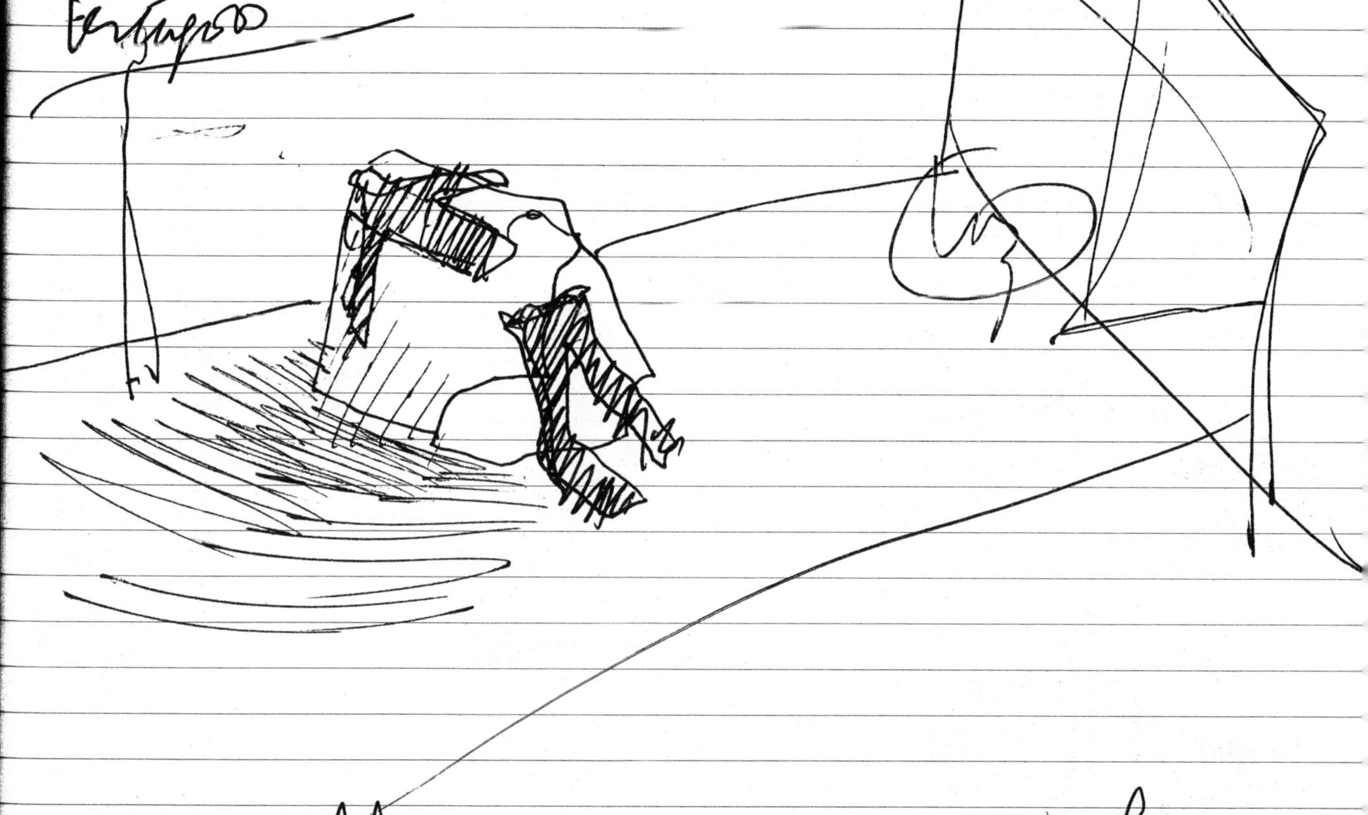

Sapatos ?

Seira

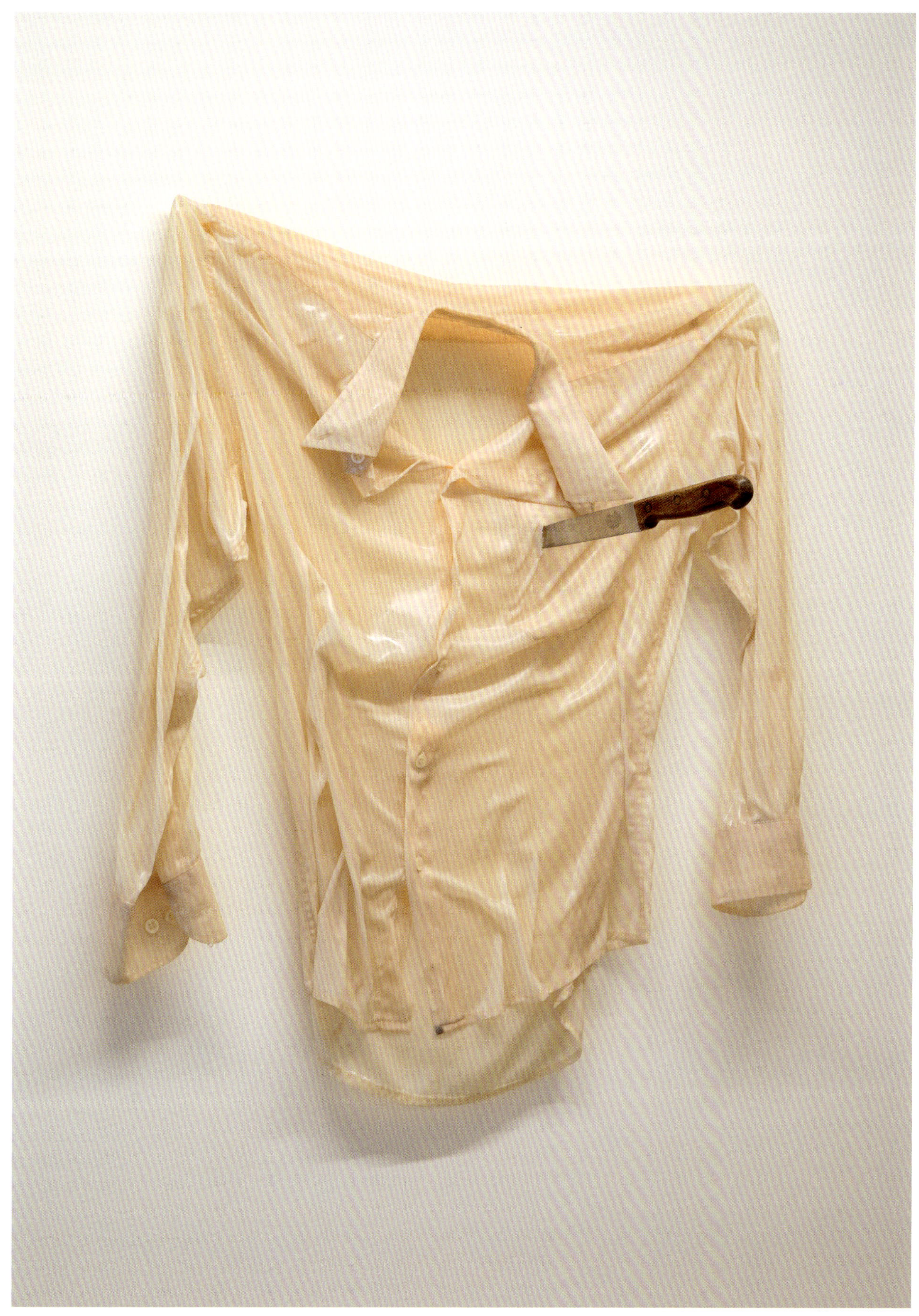

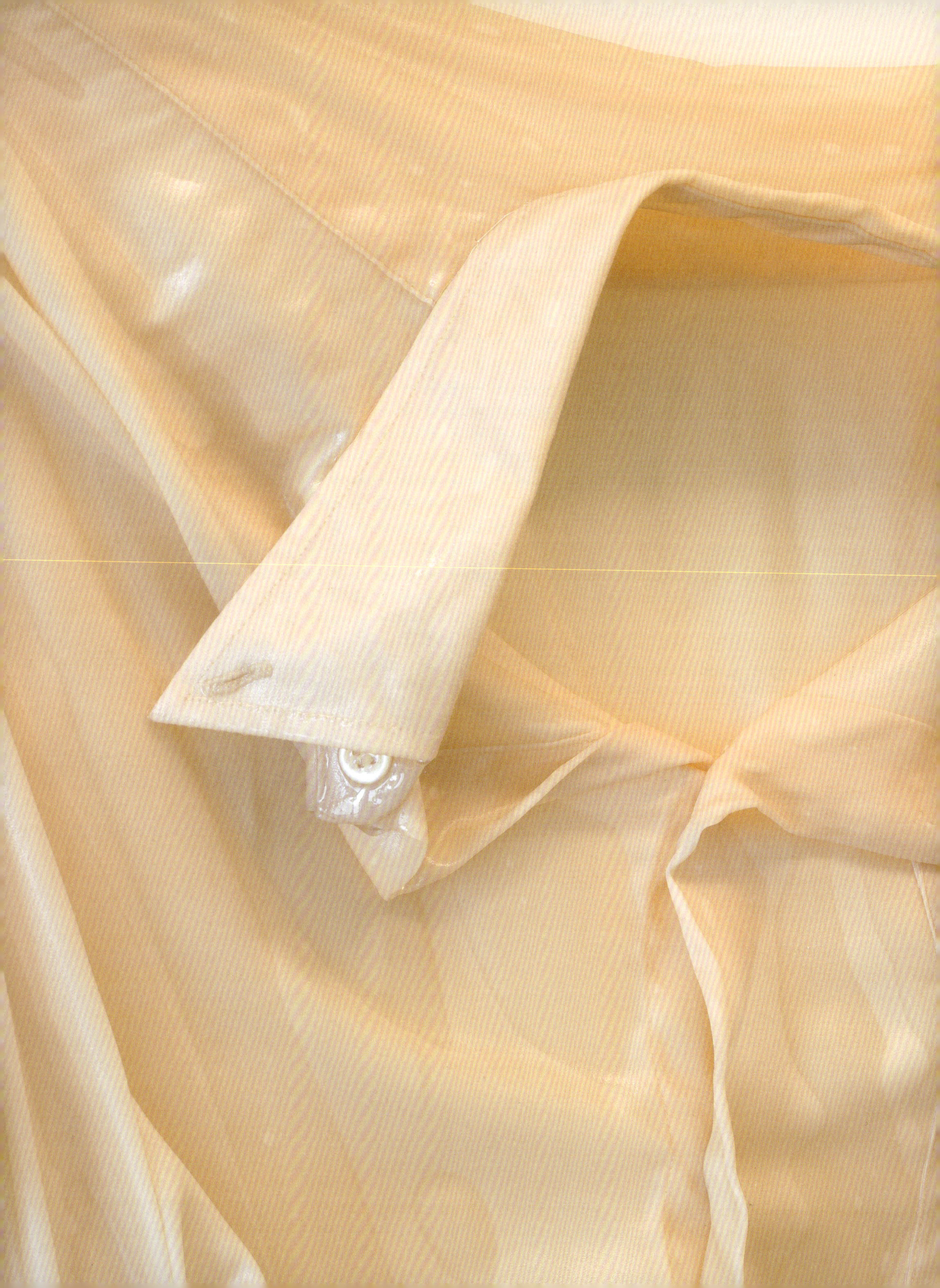

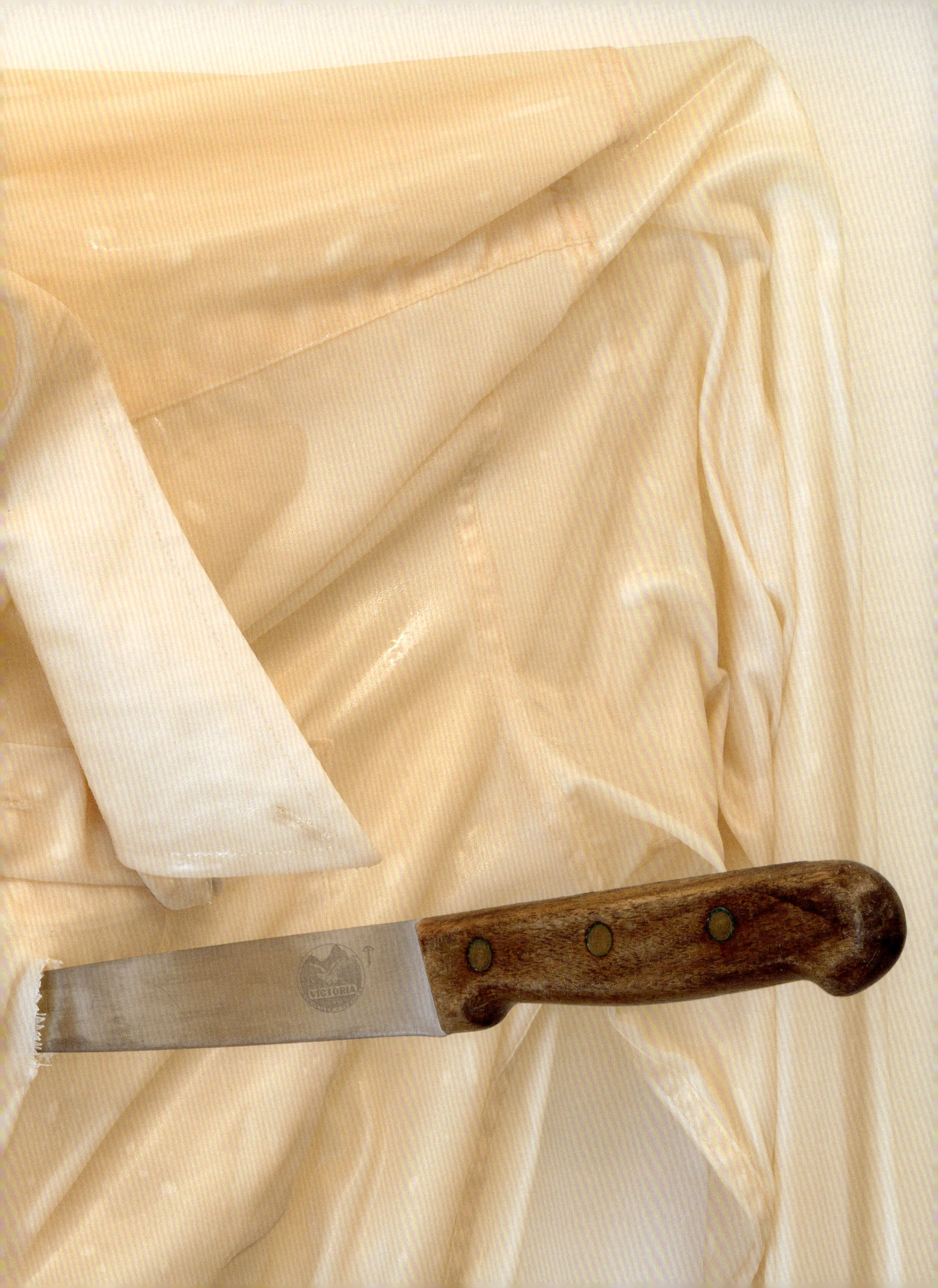

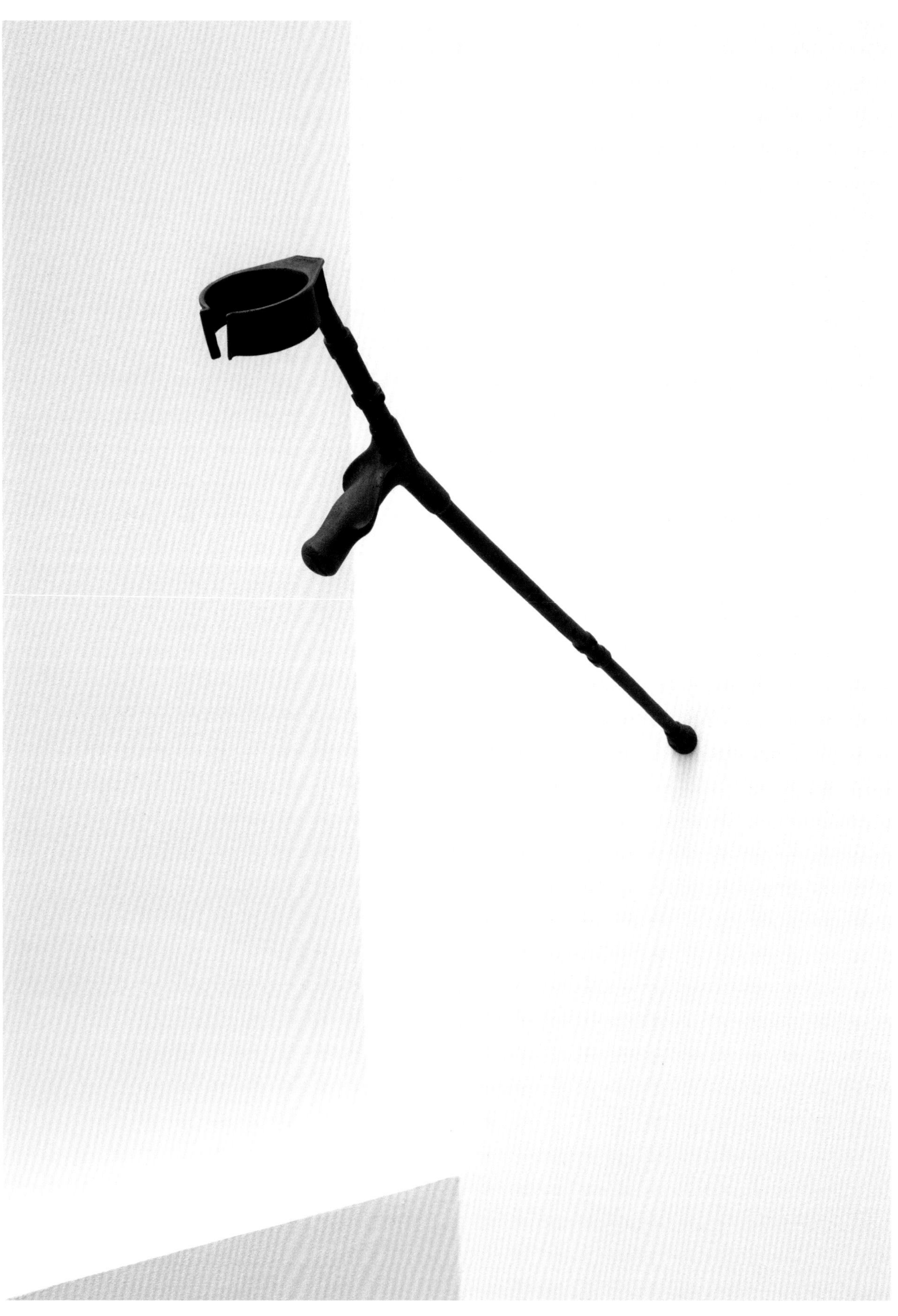

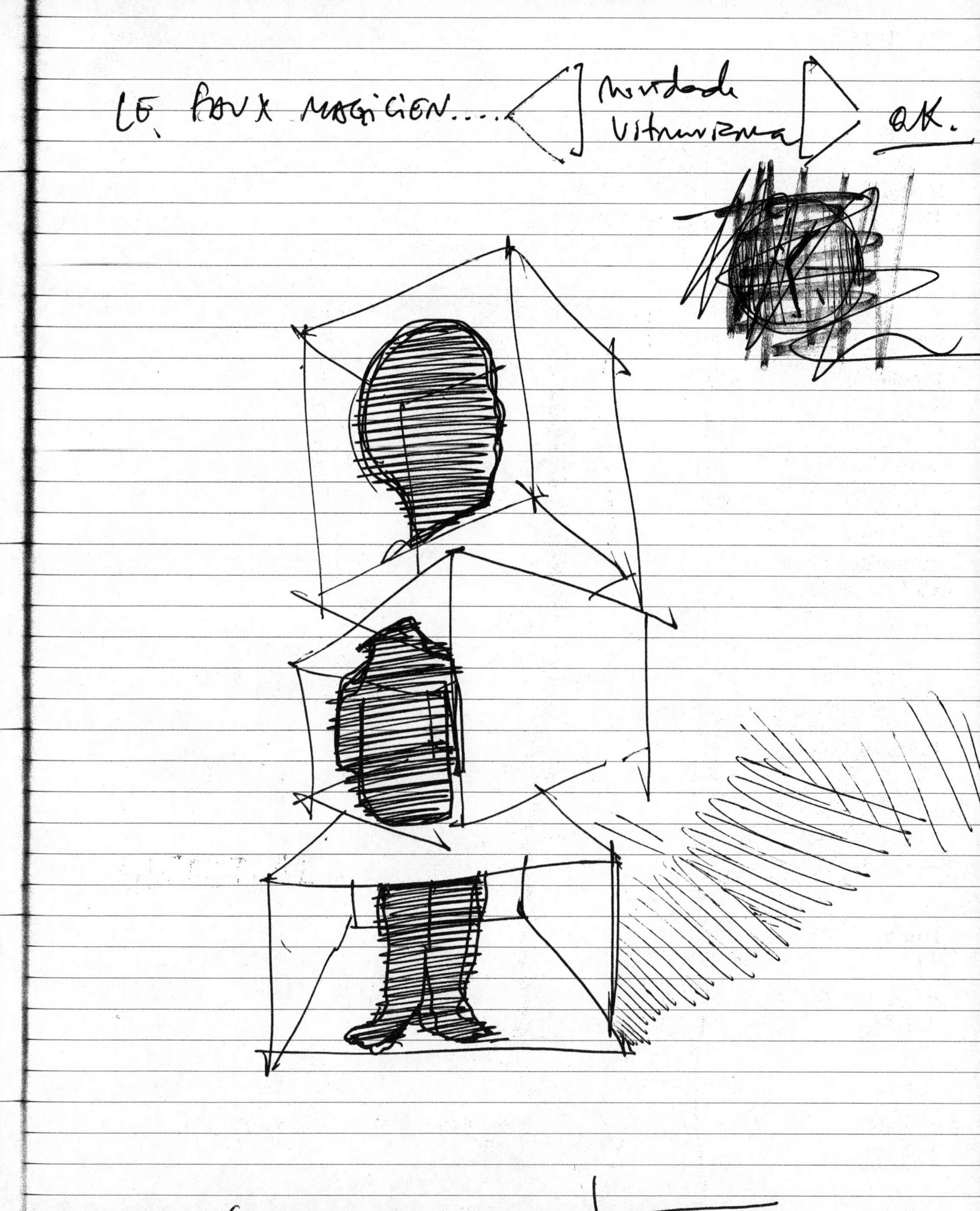

LE FAUX MAGICIEN.....
Morde de Vitruvisme
O.K.

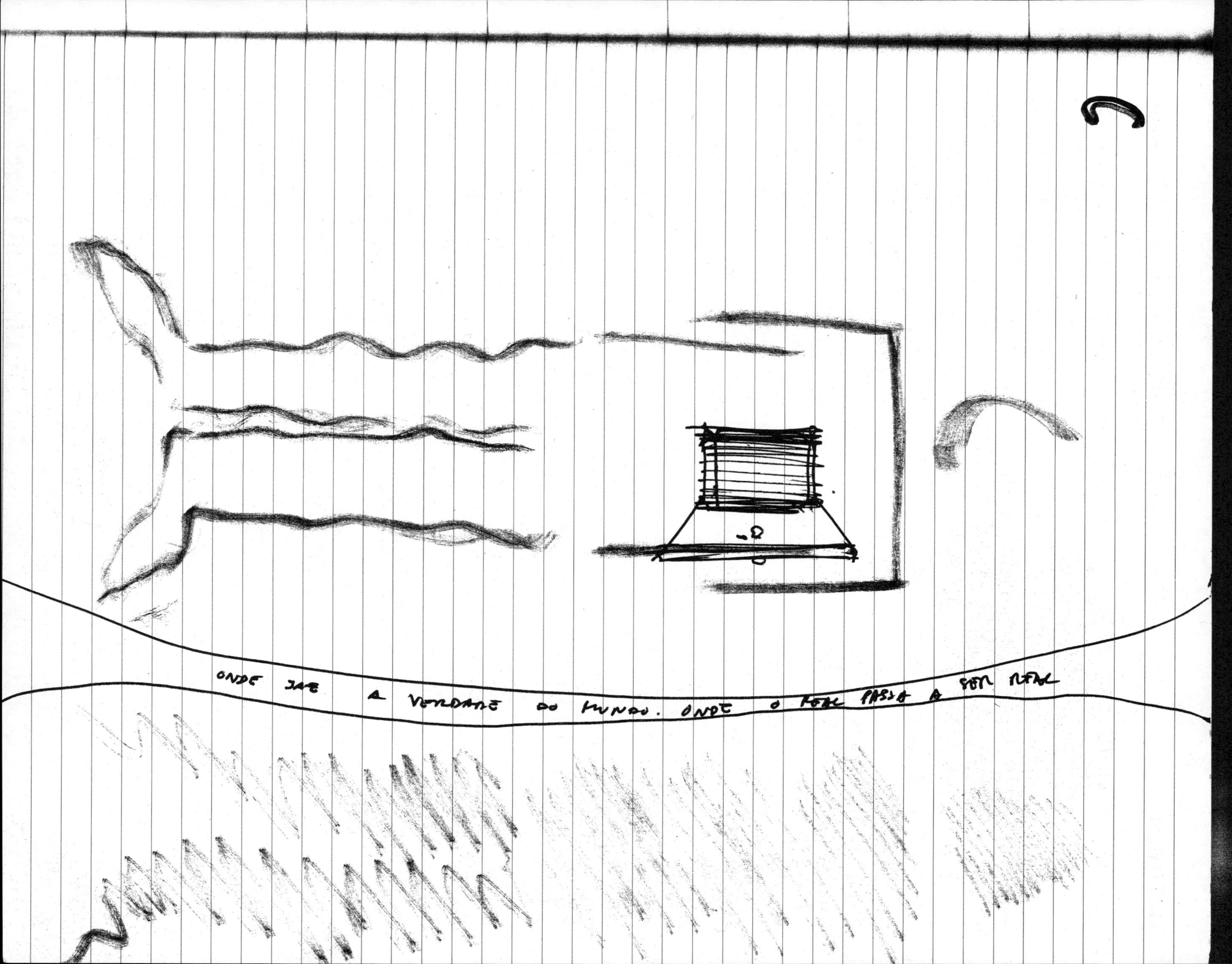
ONDE JAZ A VERDADE DO MUNDO. ONDE O REAL PASSA A SER REAL

O Assistente, 2024
Bronze
120 × 11 × 18 cm

The Assistant, 2024
Bronze
120 × 11 × 18 cm

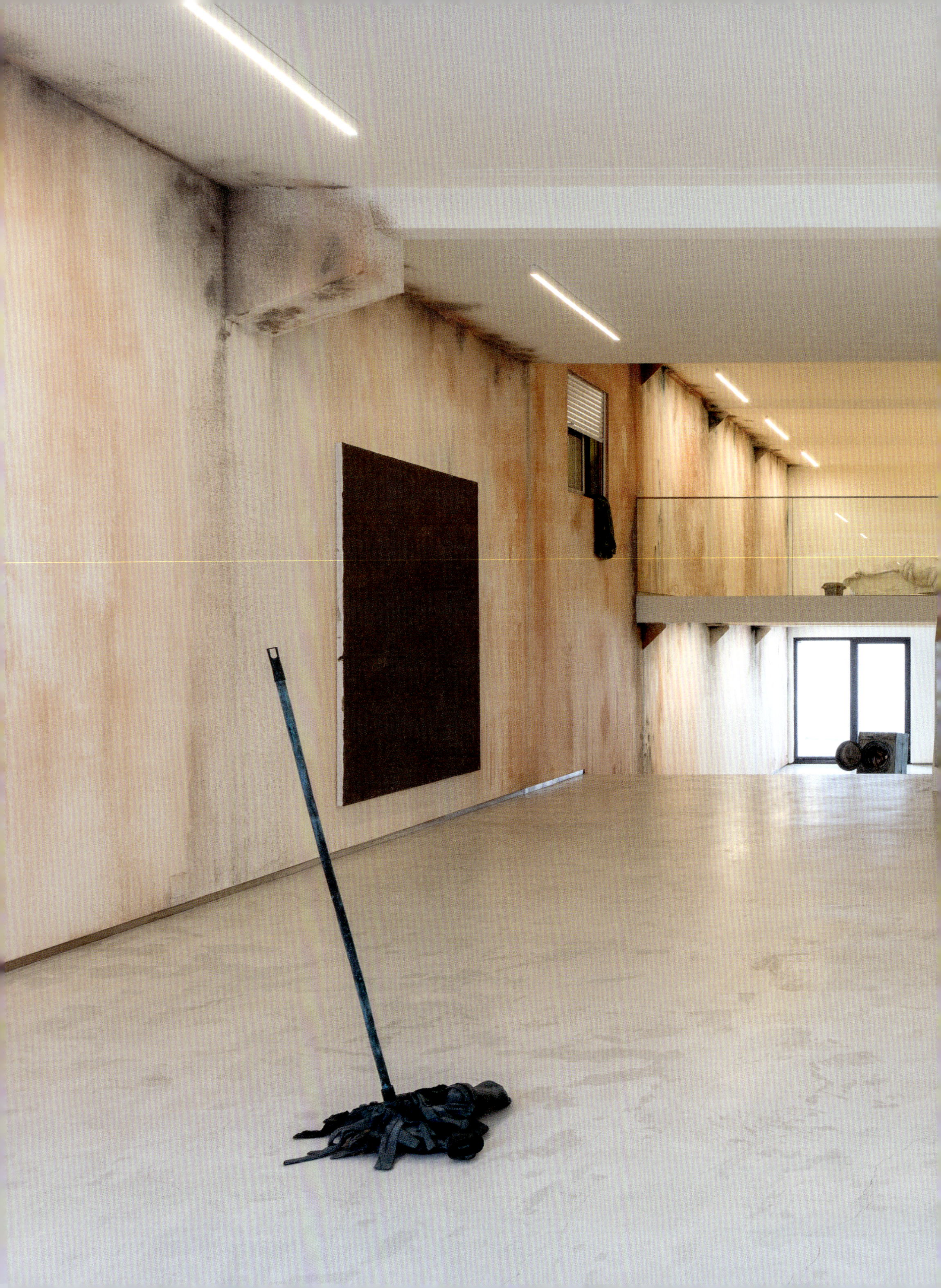

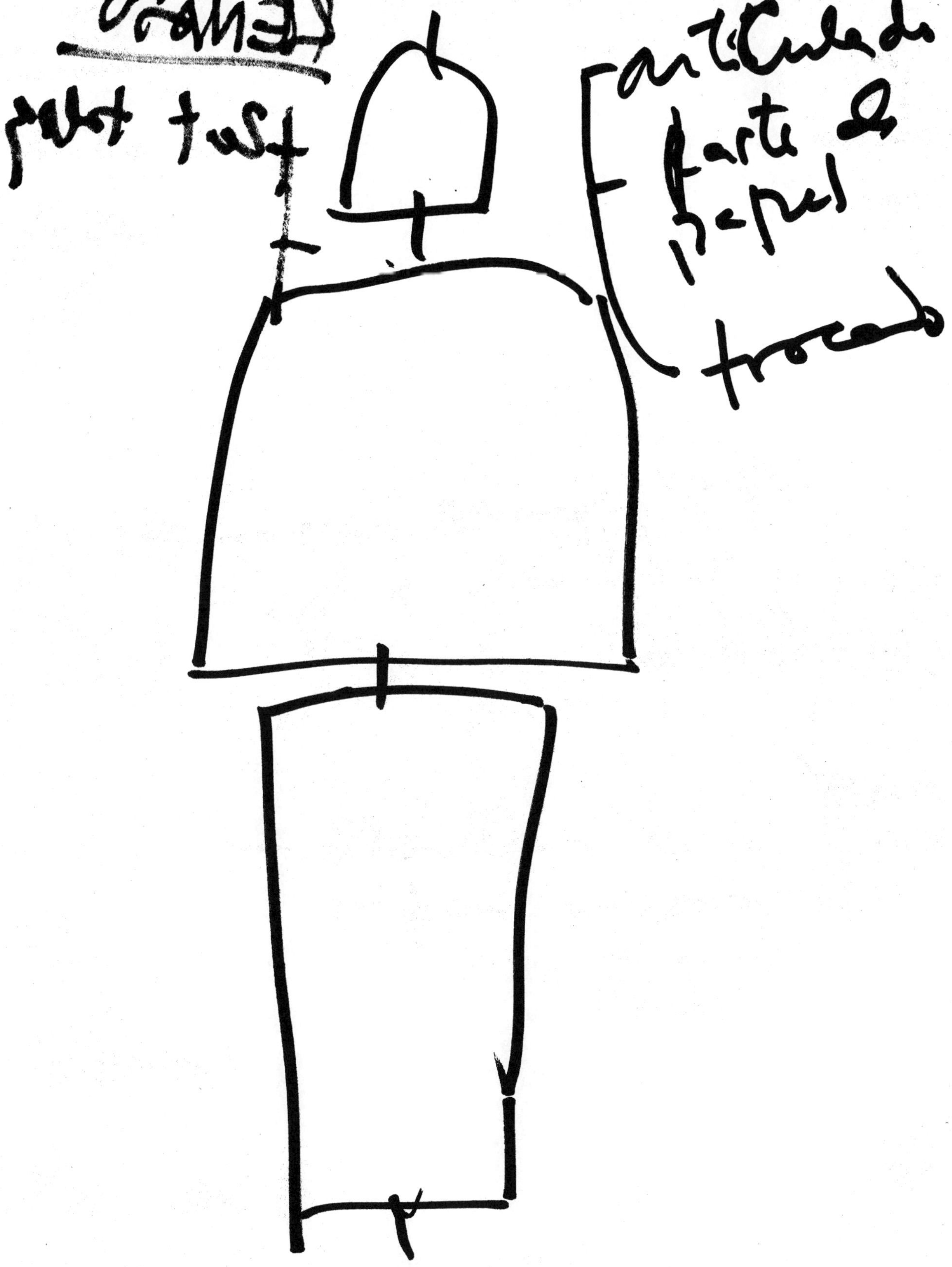

articulado
parte de
papel

trocado

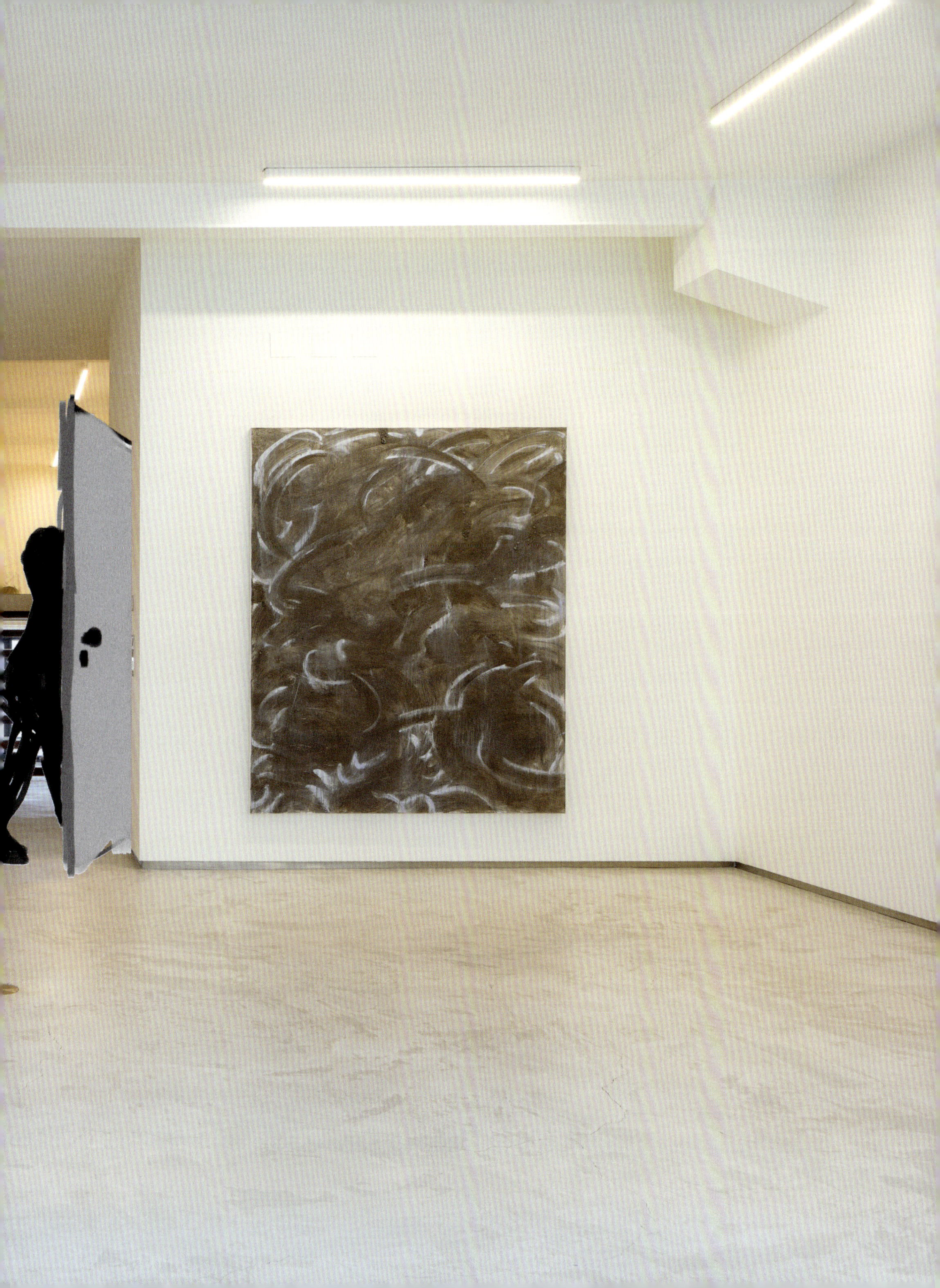

Exposição
  Exhibition

Rialto6
17/05 — 19/07/2024

Produção
  Production
Fernão Cruz
Rialto6

Apoio à Produção
  Production Support
Cristina Guerra -
Contemporary Art

Texto curatorial
  Curatorial text
Thomas Ellmer

Design Gráfico
  Graphic Design
Barbara says...

Construção
  Construction
Pedro Canoilas
Rialto6

Montagem
  Installation
Pedro Canoilas

Tradução
  Translation
Colin Ginks

Fotografia
  Photography
Vasco Stocker Vilhena

Agradecimentos
  Acknowledgements
Armando Cabral
Carla Esteves
Cristina Guerra
Lucas Canoilas
Maria João Santos
Pedro Canoilas
Renato Franco
Susana Silva

Livro
  Book

Textos
  Texts
Carolina Grau
Mariana Lemos
Thomas Ellmer

Tradução
  Translation
Colin Ginks

Revisão
  Proofreading
António Pedro Marques

Design gráfico
  Graphic design
João M. Machado

Fotografia
  Photography
Vasco Stocker Vilhena

Capa
  Cover
Fernão Cruz studio, 2024

Pré-Impressão, Impressão,
Encadernação
  Pre-press, Printing,
  Binding
Gráfica Maiadouro,
Portugal

Depósito legal
  Legal deposit
539389/24

Published and distributed by

Mousse Publishing
Contrappunto s.r.l.
Via Pier Candido Decembrio 28
20137, Milan—Italy
moussemagazine.it

First edition: 2024

Printed in Portugal

ISBN
978-88-6749-665-5

€ 27 / $ 30

© 2024 Mousse Publishing,
the artist, the authors
of the texts

All rights reserved. No part
of this publication may be
reproduced in any form or by
any electronic means without
prior written permission from
the copyright holders.

The publisher would like
to thank all those who have
kindly given their permission
for the reproduction of
material for this book.
Every effort has been made
to obtain permission to
reproduce the images and
texts in this catalogue.
However, as is standard
editorial policy, the publisher
is at the disposal of copyright
holders and undertakes
to correct any omissions
or errors in future editions.

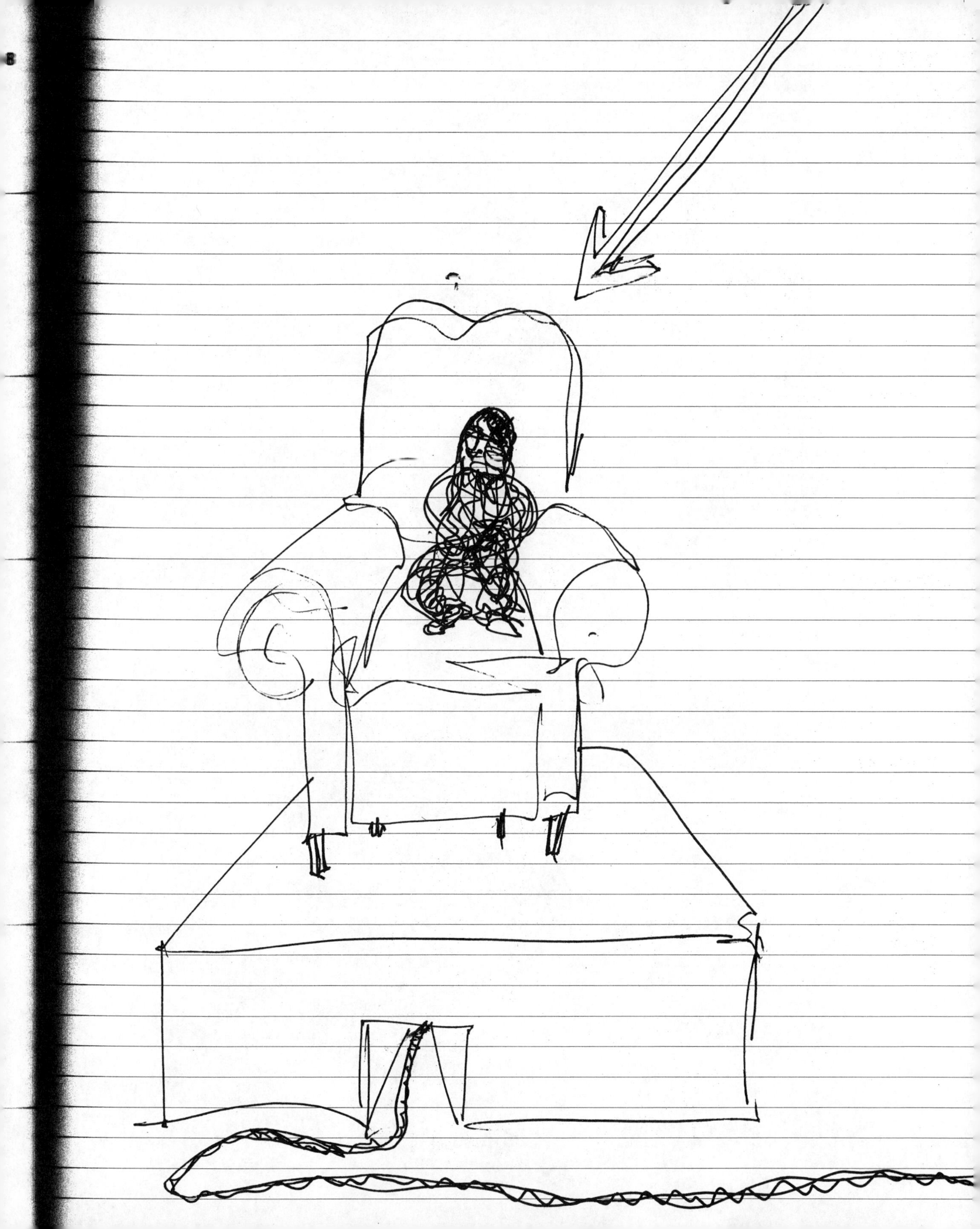

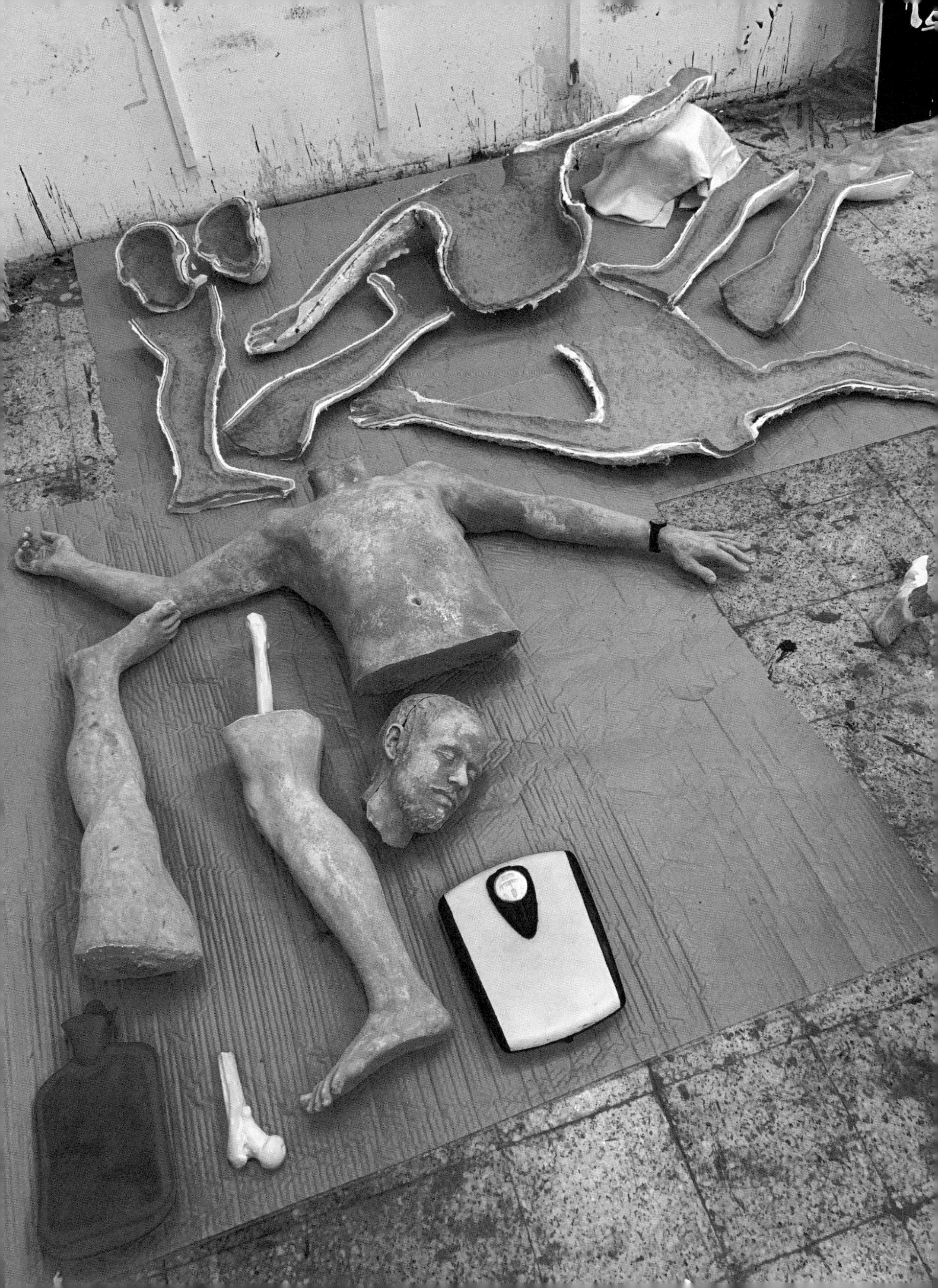